Arthur Schnitzler

Liebelei

Schauspiel in drei Akten

Herausgegeben von
Michael Scheffel

Philipp Reclam jun. Stuttgart

Universal-Bibliothek Nr. 18157
Alle Rechte vorbehalten
© 2002 Philipp Reclam jun. GmbH & Co., Stuttgart
Gesamtherstellung: Reclam, Ditzingen. Printed in Germany 2002
RECLAM und UNIVERSAL-BIBLIOTHEK sind eingetragene Marken
der Philipp Reclam jun. GmbH & Co., Stuttgart
ISBN 3-15-018157-7

www.reclam.de

Liebelei

Personen

HANS WEIRING, Violinspieler am Josefstädter Theater
CHRISTINE, seine Tochter
MIZI SCHLAGER, Modistin
KATHARINA BINDER, Frau eines Strumpfwirkers
LINA, ihre neunjährige Tochter
FRITZ LOBHEIMER, } junge Leute
THEODOR KAISER, }
EIN HERR

Ort: Wien. – Zeit: Gegenwart.

Erster Akt

Zimmer Fritzens. Elegant und behaglich.

Fritz. Theodor.

Theodor tritt zuerst ein, er hat den Überzieher auf dem Arm, nimmt den Hut erst nach dem Eintritt ab, hat auch den Stock noch in der Hand.

FRITZ *(spricht draußen).*
  Also es war niemand da?
STIMME DES DIENERS.
  Nein, gnädiger Herr.
FRITZ *(im Hereintreten).*
  Den Wagen könnten wir eigentlich wegschicken?
THEODOR.
  Natürlich. Ich dachte, du hättest es schon getan.
FRITZ *(wieder hinausgehend, in der Tür).*
  Schicken Sie den Wagen fort. Ja ... Sie können übrigens jetzt auch weggehen, ich brauche Sie heute nicht mehr. *(Er kommt herein. Zu Theodor.)* Was legst du denn nicht ab?
THEODOR *(ist neben dem Schreibtisch).*
  Da sind ein paar Briefe. *(Er wirft Überzieher und Hut auf einen Sessel, behält den Spazierstock in der Hand.)*
FRITZ *(geht hastig zum Schreibtisch).*
  Ah! ...
THEODOR.
  Na, na! ... Du erschrickst ja förmlich.
FRITZ.
  Von Papa ... *(erbricht den anderen)* von Lensky ...
THEODOR.
  Laß dich nicht stören.
FRITZ *(durchfliegt die Briefe).*
THEODOR.
  Was schreibt denn der Papa?

FRITZ.

Nichts besonderes … Zu Pfingsten soll ich auf acht Tage
aufs Gut.

THEODOR.

Wär sehr vernünftig. Ich möchte dich auf ein halbes Jahr
hinschicken.

FRITZ *(der vor dem Schreibtisch steht, wendet sich nach ihm
um).*

THEODOR.

Gewiß! – reiten, kutschieren, frische Luft, Sennerinnen –

FRITZ.

Du, Sennhütten gibt's auf Kukuruzfeldern keine!

THEODOR.

Na ja also, du weißt schon, was ich meine …

FRITZ.

Willst du mit mir hinkommen?

THEODOR.

Kann ja nicht!

FRITZ.

Warum denn?

THEODOR.

Mensch, ich hab ja Rigorosum zu machen! Wenn ich mit
dir hinginge, wär es nur, um dich dortzuhalten.

FRITZ.

Geh, mach dir um mich keine Sorgen!

THEODOR.

Du brauchst nämlich – das ist meine Überzeugung –
nichts anderes als frische Luft! – Ich hab's heut gesehn.
Da draußen, wo der echte grüne Frühling ist, bist du
wieder ein sehr lieber und angenehmer Mensch gewesen.

FRITZ.

Danke.

THEODOR.

Und jetzt – jetzt knickst du natürlich zusammen. Wir
sind dem gefährlichen Dunstkreis wieder zu nah.

FRITZ *(macht eine ärgerliche Bewegung).*

THEODOR.

Du weißt nämlich gar nicht, wie fidel du da draußen gewesen bist – du warst geradezu bei Verstand – es war wie
in den guten alten Tagen ... – Auch neulich, wie wir mit
den zwei herzigen Mäderln zusammen waren, bist du ja
sehr nett gewesen, aber jetzt – ist es natürlich wieder aus,
und du findest es dringend notwendig *(mit ironischem Pathos)* – a n j e n e s W e i b zu denken.

FRITZ *(steht auf, ärgerlich).*

THEODOR.

Du kennst mich nicht, mein Lieber. Ich habe nicht die
Absicht, das länger zu dulden.

FRITZ.

Herrgott, bist du energisch! ...

THEODOR.

Ich verlang ja nicht von dir, daß du *(wie oben)* j e n e s
W e i b vergißt ... ich möchte nur, *(herzlich)* mein lieber
Fritz, daß dir diese unglückselige Geschichte, in der man
ja immer für dich zittern muß, nicht mehr bedeutet, als
ein gewöhnliches Abenteuer ... Schau, Fritz, wenn du eines Tages »jenes Weib« nicht mehr anbetest, da wirst du
dich wundern, wie sympathisch sie dir sein wird. Da
wirst du erst drauf kommen, daß sie gar nichts Dämoni-
sches an sich hat, sondern daß sie ein sehr liebes Frauerl
ist, mit dem man sich sehr gut amüsieren kann, wie mit
allen Weibern, die jung und hübsch sind und ein bißchen
Temperament haben ...

FRITZ.

Warum sagst du »für mich zittern«?

THEODOR.

Du weißt es ... Ich kann dir nicht verhehlen, daß ich eine
ewige Angst habe, du gehst eines schönen Tages mit ihr
auf und davon.

FRITZ.

Das meintest du? ...

THEODOR *(nach einer kurzen Pause).*

Es ist nicht die einzige Gefahr.

FRITZ.

Du hast recht, Theodor – es gibt auch andere.

THEODOR.

Man macht eben keine Dummheiten.

FRITZ *(vor sich hin).*

Es gibt andere ...

THEODOR.

Was hast du? ... Du denkst an was ganz Bestimmtes.

FRITZ.

Ach nein, ich denke nicht an Bestimmtes ... *(Mit einem Blick zum Fenster.)* Sie hat sich ja schon einmal getäuscht.

THEODOR.

Wieso? ... was? ... ich versteh dich nicht.

FRITZ.

Ach nichts.

THEODOR.

Was ist das? So red doch vernünftig.

FRITZ.

Sie ängstigt sich in der letzten Zeit ... zuweilen.

THEODOR.

Warum? – Das muß doch einen Grund haben?

FRITZ.

Durchaus nicht, Nervosität – *(ironisch)* schlechtes Gewissen, wenn du willst.

THEODOR.

Du sagst, sie hat sich schon einmal getäuscht –

FRITZ.

Nun ja – und heute wohl wieder.

THEODOR.

Heute – Ja, was heißt denn das alles –?

FRITZ *(nach einer kleinen Pause).*

Sie glaubt, ... man paßt uns auf.

THEODOR.

Wie?

FRITZ.

Sie hat Schreckbilder, wahrhaftig, förmliche Halluzinationen. *(Beim Fenster.)* Sie sieht hier durch den Ritz des Vorhangs irgend einen Menschen, der dort an der Straßenecke steht, und glaubt – *(unterbricht sich)*. Ist es überhaupt möglich, ein Gesicht auf diese Entfernung hin zu erkennen?

THEODOR.

Kaum.

FRITZ.

Das sag ich ja auch. Aber das ist dann schrecklich. Da traut sie sich nicht fort, da bekommt sie alle möglichen Zustände, da hat sie Weinkrämpfe, da möchte sie mit mir sterben –

THEODOR.

Natürlich.

FRITZ *(kleine Pause)*.

Heute mußte ich hinunter, nachsehen. So gemütlich, als wenn ich eben allein von Hause wegginge; – Es war natürlich weit und breit kein bekanntes Gesicht zu sehn …

THEODOR *(schweigt)*.

FRITZ.

Das ist doch vollkommen beruhigend, nicht wahr? Man versinkt ja nicht plötzlich in die Erde, was? … So antwort mir doch!

THEODOR.

Was willst du denn darauf für eine Antwort? Natürlich versinkt man nicht in die Erde. Aber in Haustore versteckt man sich zuweilen.

FRITZ.

Ich hab in jedes hineingesehen.

THEODOR.

Da mußt du einen sehr harmlosen Eindruck gemacht haben.

FRITZ.

Niemand war da. Ich sag's ja, Halluzinationen.

THEODOR.

Gewiß. Aber es sollte dich lehren, vorsichtiger sein.

FRITZ.

Ich hätt es ja auch merken müssen, wenn e r einen Verdacht hätte. Gestern habe ich ja nach dem Theater mit ihnen soupiert – mit i h m und i h r – und es war so gemütlich, sag ich dir! ... lächerlich!

THEODOR.

Ich bitt dich, Fritz – tu mir den Gefallen, sei vernünftig. Gib diese ganze verdammte Geschichte auf – schon m e i n e t w e g e n. Ich hab ja auch Nerven ... Ich weiß ja, du bist nicht der Mensch, dich aus einem Abenteuer ins Freie zu retten, drum hab ich dir's ja so bequem gemacht, und dir Gelegenheit gegeben, dich in ein anderes h i n e i n zu retten ...

FRITZ.

Du? ...

THEODOR.

Nun, hab ich dich nicht vor ein paar Wochen zu meinem Rendezvous mit Fräulein Mizi mitgenommen? Und hab ich nicht Fräulein Mizi gebeten, ihre schönste Freundin mitzubringen? Und kannst du es leugnen, daß dir die Kleine sehr gut gefällt? ...

FRITZ.

Gewiß ist die lieb! ... So lieb! Und du hast ja gar keine Ahnung, wie ich mich nach so einer Zärtlichkeit ohne Pathos gesehnt habe, nach so was Süßem, Stillem, das mich umschmeichelt, an dem ich mich von den ewigen Aufregungen und Martern erholen kann.

THEODOR.

Das ist es, ganz richtig! Erholen! Das ist der tiefere Sinn. Zum Erholen sind sie da. Drum bin ich auch immer gegen die sogenannten interessanten Weiber. Die Weiber haben nicht interessant zu sein, sondern angenehm. Du mußt dein Glück suchen, wo ich es bisher gesucht und gefunden habe, dort, wo es keine großen Szenen, keine

Gefahren, keine tragischen Verwicklungen gibt, wo der Beginn keine besonderen Schwierigkeiten und das Ende keine Qualen hat, wo man lächelnd den ersten Kuß empfängt und mit s e h r sanfter Rührung scheidet.

FRITZ.

Ja, das ist es.

THEODOR.

Die Weiber sind ja so glücklich in ihrer gesunden Menschlichkeit – was zwingt uns denn, sie um jeden Preis zu Dämonen oder zu Engeln zu machen?

FRITZ.

Sie ist wirklich ein Schatz. So anhänglich, so lieb. Manchmal scheint mir fast, zu lieb für mich.

THEODOR.

Du bist unverbesserlich; scheint es. Wenn du die Absicht hast, auch d i e Sache wieder ernst zu nehmen –

FRITZ.

Aber ich d e n k e nicht daran. Wir sind ja einig: Erholung.

THEODOR.

Ich würde auch meine Hände von dir abziehen. Ich hab deine Liebestragödien satt. Du langweilst mich damit. Und wenn du Lust hast, mir mit dem berühmten Gewissen zu kommen, so will ich dir mein einfaches Prinzip für solche Fälle verraten: Besser ich als ein Anderer. Denn der Andere ist unausbleiblich wie das Schicksal.

(Es klingelt.)

FRITZ.

Was ist denn das? ...

THEODOR.

Sieh nur nach. – Du bist ja schon wieder blaß! Also beruhige dich sofort. Es sind die zwei süßen Mäderln.

FRITZ *(angenehm überrascht)*.

Was? ...

THEODOR.

Ich hab mir die Freiheit genommen, sie für heute zu dir einzuladen.

FRITZ *(im Hinausgehen)*.

Geh – warum hast du mir's denn nicht gesagt! Jetzt hab ich den Diener weggeschickt.

THEODOR.

Um so gemütlicher –

FRITZENS STIMME *(draußen)*.

Grüß Sie Gott, Mizi! –

Theodor. Fritz. Mizi tritt ein, sie trägt ein Paket in der Hand.

FRITZ.

Und wo ist denn die Christin'? –

MIZI.

Kommt bald nach. Grüß dich Gott, Dori.

THEODOR *(küßt ihr die Hand)*.

MIZI.

Sie müssen schon entschuldigen, Herr Fritz; aber der Theodor hat uns einmal eingeladen –

FRITZ.

Aber das ist ja eine famose Idee gewesen. Nur hat er eines vergessen, der Theodor –

THEODOR.

Nichts hat er vergessen, der Theodor! *(Nimmt der Mizi das Paket aus der Hand.)* Hast du alles mitgebracht, was ich dir aufgeschrieben habe? –

MIZI.

Freilich! *(Zu Fritz.)* Wo darf ich's denn hinlegen?

FRITZ.

Geben Sie mir's nur, Mizi, wir legen's indessen da auf die Kredenz.

MIZI.

Ich hab noch extra was gekauft, was du nicht aufgeschrieben hast, Dori.

FRITZ.

Geben Sie mir Ihren Hut, Mizi, so – *(Legt ihn aufs Klavier, ebenso ihre Boa.)*

THEODOR *(mißtrauisch)*.

Was denn?

MIZI.

Eine Moccacremetorte.

THEODOR.

Naschkatz!

FRITZ.

Ja, aber sagen Sie, warum ist denn die Christin' nicht gleich mitgekommen? –

MIZI.

Die Christin' begleitet ihren Vater zum Theater hin. Sie fährt dann mit der Tramway her.

THEODOR.

Das ist eine zärtliche Tochter …

MIZI.

Na, und gar in der letzten Zeit, seit der Trauer.

THEODOR.

Wer ist ihnen denn eigentlich gestorben?

MIZI.

Die Schwester vom alten Herrn.

THEODOR.

Ah, die Frau Tant!

MIZI.

Nein, das war eine alte Fräul'n, die schon immer bei ihnen gewohnt hat – Na, und da fühlt er sich halt so vereinsamt.

THEODOR.

Nicht wahr, der Vater von der Christin', das ist so ein kleiner Herr mit kurzem grauen Haar –

MIZI *(schüttelt den Kopf)*.

Nein, er hat ja lange Haar'.

FRITZ.

Woher kennst du ihn denn?

THEODOR.

Neulich war ich mit dem Lensky in der Josefstadt, und
da hab ich mir die Leut mit den Baßgeigen angeschaut.

MIZI.

Er spielt ja nicht Baßgeigen, Violin spielt er.

THEODOR.

Ach so – ich hab gemeint, er spielt Baßgeige. *(Zu Mizi,
die lacht.)* Das ist ja nicht komisch; das kann ich ja nicht
wissen, du Kind.

MIZI.

Schön haben Sie's, Herr Fritz – wunderschön! Wohin haben Sie denn die Aussicht?

FRITZ.

Das Fenster da geht in die Strohgasse, und im Zimmer
daneben –

THEODOR *(rasch)*.

Sagt mir nur, warum seid ihr denn so gespreizt miteinander? Ihr könntet euch wirklich du sagen.

MIZI.

Beim Nachtmahl trinken wir Bruderschaft.

THEODOR.

Solide Grundsätze! Immerhin beruhigend. – Wie geht's
denn der Frau Mutter?

MIZI *(wendet sich zu ihm, plötzlich mit besorgter Miene)*.

Denk dir, sie hat –

THEODOR.

Zahnweh – ich weiß, ich weiß. Deine Mutter hat immer
Zahnweh. Sie soll endlich einmal zu einem Zahnarzt gehen.

MIZI.

Aber, der Doktor sagt, es ist nur rheumatisch.

THEODOR *(lachend)*.

Ja, wenn's nur rheumatisch ist –

MIZI *(ein Album in der Hand)*.

Lauter so schöne Sachen haben Sie da! ... *(Im Blättern)*.

Wer ist denn das? ... Das sind ja Sie, Herr Fritz ... In
Uniform!? Sie sind bei Militär?

FRITZ.

Ja.

MIZI.

Dragoner! – Sind Sie bei den gelben oder bei den schwarzen!

FRITZ *(lächelnd)*.

Bei den gelben.

MIZI *(wie in Träume versunken)*.

Bei den gelben.

THEODOR.

Da wird sie ganz träumerisch! Mizi, wach auf!

MIZI.

Aber jetzt sind Sie Lieutenant in der Reserve?

FRITZ.

Allerdings.

MIZI.

Sehr gut müssen Sie ausschaun mit dem Pelz.

THEODOR.

Umfassend ist dieses Wissen! – Du, Mizi, ich bin nämlich
auch bei Militär.

MIZI.

Bist du auch bei den Dragonern?

THEODOR.

Ja. –

MIZI.

Ja, warum sagt ihr einem denn das nicht? ...

THEODOR.

Ich will um meiner selbst willen geliebt werden.

MIZI.

Geh, Dori, da mußt du dir nächstens, wenn wir zusammen wohin gehen, die Uniform anziehn.

THEODOR.

Im August hab ich sowieso Waffenübung.

MIZI.

Gott, bis zum August –

THEODOR.

Ja, richtig – so lange währt die ewige Liebe nicht.

MIZI.

Wer wird denn im Mai an den August denken. Ist's nicht
wahr, Herr Fritz? – Sie, Herr Fritz, warum sind denn Sie
uns gestern durchgegangen?

FRITZ.

Wieso …

MIZI.

Na ja – nach dem Theater.

FRITZ.

Hat mich denn der Theodor nicht bei euch entschuldigt?

THEODOR.

Freilich hab ich dich entschuldigt.

MIZI.

Was hab denn ich – oder vielmehr die Christin' von Ihrer
Entschuldigung! Wenn man was verspricht, so halt'
man's.

FRITZ.

Ich wär wahrhaftig lieber mit euch gewesen …

MIZI.

Is wahr? …

FRITZ.

Aber, ich konnt nicht. Sie haben ja gesehen, ich war mit
Bekannten in der Loge, und da hab ich mich nachher
nicht losmachen können.

MIZI.

Ja, von den schönen Damen haben Sie sich nicht losmachen können. Glauben Sie, wir haben Sie nicht gesehn
von der Galerie aus?

FRITZ.

Ich hab euch ja auch gesehn …

MIZI.

Sie sind rückwärts in der Loge gesessen. –

FRITZ.

Nicht immer.

MIZI.

Aber meistens. Hinter einer Dame mit einem schwarzen Samtkleid sind Sie gesessen und haben immer *(parodierende Bewegung)* so hervorgeguckt.

FRITZ.

Sie haben mich aber genau beobachtet.

MIZI.

Mich geht's ja nichts an! Aber wenn ich die Christin' wär ... Warum hat denn der Theodor nach dem Theater Zeit? Warum muß der nicht mit Bekannten soupieren gehn? ...

THEODOR *(stolz)*.

Warum muß ich nicht mit Bekannten soupieren gehn? ... *(Es klingelt.)*

MIZI.

Das ist die Christin'.

FRITZ *(eilt hinaus)*.

THEODOR.

Mizi, du könntest mir einen Gefallen tun.

MIZI *(fragende Miene)*.

THEODOR.

Vergiß – auf einige Zeit wenigstens – deine militärischen Erinnerungen.

MIZI.

Ich hab ja gar keine.

THEODOR.

Na du, aus dem Schematismus hast du die Sachen nicht gelernt, das merkt man.

Theodor. Mizi. Fritz. Christine mit Blumen
in der Hand.

CHRISTINE *(grüßt mit ganz leichter Befangenheit)*.

Guten Abend. *(Begrüßung. Zu Fritz.)* Freut's dich, daß wir gekommen sind? – Bist nicht bös?

FRITZ.

Aber – Kind! Manchmal ist ja der Theodor gescheiter als ich. –

THEODOR.

Na, geigt er schon, der Herr Papa?

CHRISTINE.

Freilich; ich hab ihn zum Theater hinbegleitet.

FRITZ.

Die Mizi hat's uns erzählt. –

CHRISTINE *(zu Mizi)*.

Und die Kathrin hat mich noch aufgehalten.

MIZI.

O jeh, die falsche Person.

CHRISTINE.

Oh, die ist gewiß nicht falsch, die ist sehr gut zu mir.

MIZI.

Du glaubst auch einer jeden.

CHRISTINE.

Warum soll die denn gegen mich falsch sein?

FRITZ.

Wer ist denn die Kathrin?

MIZI.

Die Frau von einem Strumpfwirker und ärgert sich alleweil, wenn wer jünger ist wie sie.

CHRISTINE.

Sie ist ja selbst noch eine junge Person.

FRITZ.

Lassen wir die Kathrin. – Was hast du denn da?

CHRISTINE.

Ein paar Blumen hab ich dir mitgebracht.

FRITZ *(nimmt sie ihr ab und küßt ihr die Hand)*.

Du bist ein Engerl. Wart, die wollen wir da in die Vase …

THEODOR.

O nein! Du hast gar kein Talent zum Festarrangeur. Die Blumen werden zwanglos auf den Tisch gestreut … Nachher übrigens, wenn aufgedeckt ist. Eigentlich sollte

man das so arrangieren, daß sie von der Decke herunter-
fallen. Das wird aber wieder nicht gehen.

FRITZ *(lachend)*.

Kaum.

THEODOR.

Unterdessen wollen wir sie doch da hinein stecken.
(Gibt sie in die Vase.)

MIZI.

Kinder, dunkel wird's!

FRITZ *(hat der Christine geholfen die Überjacke auszuziehen, sie
hat auch ihren Hut abgelegt, er gibt die Dinge auf einen Stuhl
im Hintergrund)*.

Gleich wollen wir die Lampe anzünden.

THEODOR.

Lampe! Keine Idee! Lichter werden wir anzünden.
Das macht sich viel hübscher. Komm, Mizi, kannst
mir helfen. *(Er und Mizi zünden die Lichter an; die Kerzen in den zwei Armleuchtern auf dem Trumeau, eine Kerze
auf dem Schreibtisch, dann zwei Kerzen auf der Kredenz.)*
(Unterdessen sprechen Fritz und Christine miteinander.)

FRITZ.

Wie geht's dir denn, mein Schatz?

CHRISTINE.

Jetzt geht's mir gut. –

FRITZ.

Na, und sonst?

CHRISTINE.

Ich hab mich so nach dir gesehnt.

FRITZ.

Wir haben uns ja gestern erst gesehen.

CHRISTINE.

Gesehn ... von weitem ... *(Schüchtern.)* Du, das war nicht
schön, daß du ...

FRITZ.

Ja, ich weiß schon; die Mizi hat's mir schon gesagt. Aber

du bist ein Kind wie gewöhnlich. Ich hab nicht los können. So was mußt du ja begreifen.

CHRISTINE.

Ja ... du, Fritz ... wer waren denn die Leute in der Loge?

FRITZ.

Bekannte – das ist doch ganz gleichgültig, wie sie heißen.

CHRISTINE.

Wer war denn die Dame im schwarzen Samtkleid?

FRITZ.

Kind, ich hab gar kein Gedächtnis für Toiletten.

CHRISTINE (schmeichelnd).

Na!

FRITZ.

Das heißt ... ich hab dafür auch schon ein Gedächtnis – in gewissen Fällen. Zum Beispiel an die dunkelgraue Bluse erinner' ich mich sehr gut, die du angehabt hast, wie wir uns das erste Mal gesehen haben. Und die weißschwarze Taille, gestern ... im Theater.

CHRISTINE.

Die hab ich ja heut auch an!

FRITZ.

Richtig ... von weitem sieht die nämlich ganz anders aus – im Ernst! Oh, und das Medaillon, das kenn ich auch!

CHRISTINE (lächelnd).

Wann hab ich's umgehabt?

FRITZ.

Vor – na, damals, wie wir in dem Garten bei der Linie spazieren gegangen sind, wo die vielen Kinder gespielt haben ... nicht wahr ... ?

CHRISTINE.

Ja ... du denkst doch manchmal an mich.

FRITZ.

Ziemlich häufig, mein Kind ...

CHRISTINE.

Nicht so oft wie ich an dich. Ich denke immer an dich ...

den ganzen Tag … und froh kann ich doch nur sein,
wenn ich dich seh!

FRITZ.

Sehn wir uns denn nicht oft genug? –

CHRISTINE.

Oft …

FRITZ.

Freilich. Im Sommer werden wir uns weniger sehn …
Denk dir, wenn ich zum Beispiel einmal auf ein paar Wochen verreiste, was möchtest du da sagen?

CHRISTINE *(ängstlich)*.

Wie? Du willst verreisen?

FRITZ.

Nein … Immerhin wär es aber möglich, daß ich einmal
die Laune hätte, acht Tage ganz allein zu sein …

CHRISTINE.

Ja, warum denn?

FRITZ.

Ich spreche ja nur von der Möglichkeit. Ich kenne mich,
ich hab solche Launen. Und du könntest ja auch einmal
Lust haben, mich ein paar Tage nicht zu sehn … das
werd ich immer verstehn.

CHRISTINE.

Die Laune werd ich nie haben, Fritz.

FRITZ.

Das kann man nie wissen.

CHRISTINE.

Ich weiß es … ich hab dich lieb.

FRITZ.

Ich hab dich ja auch sehr lieb.

CHRISTINE.

Du bist aber mein Alles, Fritz, für dich könnt ich … *(sie
unterbricht sich)*. Nein, ich kann mir nicht denken, daß je
eine Stunde kommt, wo ich dich nicht sehen wollte. So
lang ich leb, Fritz – –

FRITZ *(unterbricht)*.

Kind, ich bitt dich ... so was sag lieber nicht ... die großen Worte, die hab ich nicht gern. Von der Ewigkeit reden wir nicht ...

CHRISTINE *(traurig lächelnd)*.

Hab keine Angst, Fritz ... ich weiß ja, daß es nicht für
immer ist ...

FRITZ.

Du verstehst mich falsch, Kind. Es ist ja möglich, *(lachend)* daß wir einmal überhaupt nicht ohne einander leben können, aber wissen können wir's ja nicht, nicht
wahr? Wir sind ja nur Menschen ...

THEODOR *(auf die Lichter weisend)*.

Bitte sich das gefälligst anzusehn ... Sieht das nicht anders aus, als wenn da eine dumme Lampe stünde?

FRITZ.

Du bist wirklich der geborene Festarrangeur.

THEODOR.

Kinder, wie wär's übrigens, wenn wir an das Souper
dächten? ...

MIZI.

Ja! ... Komm Christin'! ...

FRITZ.

Wartet, ich will euch zeigen, wo ihr alles Notwendige
findet.

MIZI.

Vor allem brauchen wir ein Tischtuch.

THEODOR *(mit englischem Akzent, wie ihn die Clowns zu haben
pflegen)*.

»Eine Tischentuch.«

FRITZ.

Was? ...

THEODOR.

Erinnerst dich nicht an den Clown im Orpheum? »Das
ist eine Tischentuch« ... »Das ist eine Blech«. »Das ist
eine kleine Piccolo.«

MIZI.

Du, Dori, wann gehst denn mit mir ins Orpheum? Neulich hast du mir's ja versprochen. Da kommt die Christin' aber auch mit, und der Herr Fritz auch. *(Sie nimmt eben Fritz das Tischtuch aus der Hand, das dieser aus der Kredenz genommen.)* Da sind aber dann w i r die Bekannten in der Loge ...

FRITZ.

Ja, ja ...

MIZI.

Da kann dann die Dame mit dem schwarzen Samtkleid allein nach Haus gehn.

FRITZ.

Was ihr immer mit der Dame in Schwarz habt, das ist wirklich zu dumm.

MIZI.

Oh, w i r haben nichts mit ihr ... So ... Und das Eßzeug? ... *(Fritz zeigt ihr alles in der geöffneten Kredenz.)* Ja ... Und die Teller? ... Ja, danke ... So, jetzt machen wir's schon allein ... Gehn Sie, gehn Sie, jetzt stören Sie uns nur.

THEODOR *(hat sich unterdessen auf den Diwan der Länge nach hingelegt; wie Fritz zu ihm nach vorne kommt).*

Du entschuldigst ...

(Mizi und Christine decken auf.)

MIZI.

Hast schon das Bild vom Fritz in der Uniform gesehn?

CHRISTINE.

Nein.

MIZI.

Das mußt du dir anschaun. Fesch! ... *(Sie reden weiter.)*

THEODOR *(auf dem Diwan).*

Siehst du, Fritz, solche Abende sind meine Schwärmerei.

FRITZ.

Sind auch nett.

THEODOR.

Da fühl ich mich behaglich … Du nicht? …

FRITZ.

Oh, ich wollte, es wär mir immer so wohl.

MIZI.

Sagen Sie, Herr Fritz, ist Kaffee in der Maschin' drin?

FRITZ.

Ja … Ihr könnt auch gleich den Spiritus anzünden – auf der Maschin' dauert's sowieso eine Stund, bis der Kaffee fertig ist …

THEODOR *(zu Fritz)*.

Für so ein süßes Mäderl geb ich zehn dämonische Weiber her.

FRITZ.

Das kann man nicht vergleichen.

THEODOR.

Wir hassen nämlich die Frauen, die wir lieben – und lieben nur die Frauen, die uns gleichgiltig sind.

FRITZ *(lacht)*.

MIZI.

Was ist denn? Wir möchten auch was hören!

THEODOR.

Nichts für euch, Kinder. Wir philosophieren. *(Zu Fritz.)* Wenn wir heut mit denen das letzte Mal zusammen wären, wir wären doch nicht weniger fidel, was?

FRITZ.

Das letzte Mal … Na, darin liegt jedenfalls etwas Melancholisches. Ein Abschied schmerzt immer, auch wenn man sich schon lang darauf freut!

CHRISTINE.

Du, Fritz, wo ist denn das kleine Eßzeug?

FRITZ *(geht nach hinten, zur Kredenz)*.

Da ist es, mein Schatz.

MIZI *(ist nach vorn gekommen, fährt dem Theodor, der auf dem Diwan liegt, durch die Haare)*.

THEODOR.
    Du Katz, du!

FRITZ *(öffnet das Paket, das Mizi gebracht).*
    Großartig ...

CHRISTINE *(zu Fritz).*
    Wie du alles hübsch in Ordnung hast!

FRITZ.
    Ja ... *(Ordnet die Sachen, die Mizi mitgebracht, – Sardinen-büchse, kaltes Fleisch, Butter, Käse.)*

CHRISTINE.
    Fritz ... willst du mir's nicht sagen?

FRITZ.
    Was denn?

CHRISTINE *(sehr schüchtern).*
    Wer die Dame war?

FRITZ.
    Nein, ärger' mich nicht. *(Milde.)* Schau, das haben wir ja
    so ausdrücklich miteinander ausgemacht: Gefragt wird
    nichts. Das ist ja gerade das Schöne. Wenn ich mit dir zu-
    sammen bin, versinkt die Welt – punktum. Ich frag dich
    auch um nichts.

CHRISTINE.
    Mich kannst du um alles fragen.

FRITZ.
    Aber ich tu's nicht. Ich will ja nichts wissen.

MIZI *(kommt wieder hin).*
    Herrgott, machen Sie da eine Unordnung – *(Übernimmt
    die Speisen, legt sie auf die Teller.)* So ...

THEODOR.
    Du, Fritz, sag, hast du denn irgend was zum Trinken zu
    Hause?

FRITZ.
    O ja, es wird sich schon was finden. *(Er geht ins Vorzim-
    mer.)*

THEODOR *(erhebt sich und besichtigt den Tisch).*
    Gut. –

MIZI.

So, ich denke, es fehlt nichts mehr! ...

FRITZ *(kommt mit einigen Flaschen zurück).*

So, hier wäre auch was zum Trinken.

THEODOR.

Wo sind denn die Rosen, die von der Decke herunter-
fallen?

MIZI.

Ja richtig, die Rosen haben wir vergessen! *(Sie nimmt die
Rosen aus der Vase, steigt auf einen Stuhl und läßt die Rosen
auf den Tisch fallen.)* So!

CHRISTINE.

Gott, ist das Mädel ausgelassen!

THEODOR.

Na, nicht in die Teller ...

FRITZ.

Wo willst du sitzen, Christin'?

THEODOR.

Wo ist denn ein Stoppelzieher?

FRITZ *(holt einen aus der Kredenz).*

Hier ist einer.

MIZI *(versucht den Wein aufzumachen).*

FRITZ.

Aber geben Sie das doch mir.

THEODOR.

Laßt das mich machen ... *(Nimmt ihm Flasche und Stoppelzieher aus der Hand.)* Du könntest unterdessen ein bißchen ... *(Bewegung des Klavierspiels.)*

MIZI.

Ja ja, das ist fesch! ... *(Sie läuft zum Klavier, öffnet es,
nachdem sie die Sachen, die darauf liegen, auf einen Stuhl gelegt hat.)*

FRITZ *(zu Christine).*

Soll ich?

CHRISTINE.

Ich bitt dich, ja, so lang schon hab ich mich danach gesehnt.

FRITZ *(am Klavier).*

Du kannst ja auch ein bissel spielen?

CHRISTINE *(abwehrend).*

O Gott.

MIZI.

Schön kann sie spielen, die Christin', ... sie kann auch singen.

FRITZ.

Wirklich, das hast du mir ja nie gesagt? ...

CHRISTINE.

Hast du mich denn je gefragt? –

FRITZ.

Wo hast du denn singen gelernt?

CHRISTINE.

Gelernt hab ich's eigentlich nicht. Der Vater hat mich ein bissel unterrichtet – aber ich hab nicht viel Stimme. Und weißt du, seit die Tant' gestorben ist, die immer bei uns gewohnt hat, da ist es noch stiller bei uns wie es früher war.

FRITZ.

Was machst du eigentlich so den ganzen Tag?

CHRISTINE.

O Gott, ich hab schon zu tun! –

FRITZ.

So im Haus – wie? –

CHRISTINE.

Ja. Und dann schreib ich Noten ab, ziemlich viel. –

THEODOR.

Musiknoten? –

CHRISTINE.

Freilich.

THEODOR.

Das muß ja horrend bezahlt werden. *(Wie die anderen lachen.)* Na, ich würde das horrend bezahlen. Ich glaube, Noten schreiben muß eine fürchterliche Arbeit sein! –

MIZI.

Es ist auch ein Unsinn, daß sie sich so plagt. *(Zu Christi-*

ne.) Wenn ich so viel Stimme hätte, wie du, wär ich längst beim Theater.

THEODOR.

Du brauchtest nicht einmal Stimme ... Du tust natürlich den ganzen Tag gar nichts! was?

MIZI.

Na, sei so gut! Ich hab ja zwei kleine Brüder, die in die Schul gehn, die zieh ich an in der Früh; und dann mach ich die Aufgaben mit ihnen –

THEODOR.

Da ist doch kein Wort wahr.

MIZI.

Na, wennst mir nicht glaubst! – Und bis zum vorigen Herbst bin ich sogar in einem Geschäft gewesen von acht in der Früh bis acht am Abend –

THEODOR *(leicht spottend).*

Wo denn?

MIZI.

In einem Modistengeschäft. Die Mutter will, daß ich wieder eintrete.

THEODOR *(wie oben).*

Warum bist du denn ausgetreten?

FRITZ *(zu Christine).*

Du mußt uns dann was vorsingen!

THEODOR.

Kinder, essen wir jetzt lieber, und du spielst dann, ja? ...

FRITZ *(aufstehend, zu Christine).*

Komm, Schatz! *(Führt sie zum Tisch hin.)*

MIZI.

Der Kaffee! Jetzt geht der Kaffee über und wir haben noch nichts gegessen!

THEODOR.

Jetzt ist's schon alles eins!

MIZI.

Aber er geht ja über! *(Bläst die Spiritusflamme aus.)* *(Man setzt sich zu Tisch.)*

THEODOR.

Was willst du haben, Mizi? Das sag ich dir gleich: die
Torte kommt zuletzt! ... Zuerst mußt du lauter ganz
sauere Sachen essen.

FRITZ *(schenkt den Wein ein).*

THEODOR.

Nicht so: das macht man jetzt ganz anders. Kennst du
nicht die neueste Mode? *(Steht auf, affektiert Grandezza,
die Flasche in der Hand, zu Christine.)* Vöslauer Ausstich
achtzehnhundert ... *(Spricht die nächsten Zahlen unver-
ständlich. Schenkt ein, zu Mizi.)* Vöslauer Ausstich achtzehnhundert ... *(Wie früher. Schenkt ein, zu Fritz.)* Vöslauer Ausstich achtzehnhundert ... *(Wie früher. An seinem
eigenen Platz.)* Vöslauer Ausstich ... *(Wie früher. Setzt
sich.)*

MIZI *(lachend).*

Alleweil macht er Dummheiten.

THEODOR *(erhebt das Glas, alle stoßen an).*

Prosit.

MIZI.

Sollst leben, Theodor! ...

THEODOR *(sich erhebend).*

Meine Damen und Herren ...

FRITZ.

Na, nicht gleich!

THEODOR *(setzt sich).*

Ich kann ja warten.

(Man ißt.)

MIZI.

Das hab ich so gern, wenn bei Tisch Reden gehalten werden. Also ich hab einen Cousin, der redet immer in Reimen.

THEODOR.

Bei was für einem Regiment ist er? ...

MIZI.

Geh, hör auf ... Auswendig red't er und mit Reimen,

aber großartig, sag ich dir, Christin'. Und ist eigentlich schon ein älterer Herr.

THEODOR.

O, das kommt vor, daß ältere Herren noch in Reimen reden.

FRITZ.

Aber, ihr trinkt ja gar nicht. Christin'! *(Er stößt mit ihr an.)*

THEODOR *(stößt mit Mizi an).*

Auf die alten Herren, die in Reimen reden.

MIZI *(lustig).*

Auf die jungen Herren, auch wenn sie gar nichts reden ... zum Beispiel auf den Herrn Fritz ... Sie, Herr Fritz, jetzt trinken wir Bruderschaft, wenn Sie wollen – und die Christin' muß auch mit dem Theodor Bruderschaft trinken.

THEODOR.

Aber nicht mit dem Wein, das ist kein Bruderschaftswein. *(Erhebt sich, nimmt eine andere Flasche – gleiches Spiel wie früher.)* Xeres de la Frontera mille huit cent cinquante – Xeres de la Frontera – Xeres de la Frontera – Xeres de la Frontera.

MIZI *(nippt).*

Ah –

THEODOR.

Kannst du nicht warten, bis wir alle trinken ... Also Kinder ... bevor wir uns so feierlich verbrüdern, wollen wir auf den glücklichen Zufall trinken, der, der ... und so weiter ...

MIZI.

Ja, ist schon gut! *(Sie trinken.)*
(Fritz nimmt Mizis, Theodor Christinens Arm, die Gläser in der Hand, wie man Bruderschaft zu trinken pflegt.)

FRITZ *(küßt Mizi).*

THEODOR *(will Christine küssen).*

CHRISTINE *(lächelnd)*.

Muß das sein?

THEODOR.

Unbedingt, sonst gilt's nichts ... *(Küßt sie ...)* So, und jetzt à place! ...

MIZI.

Aber schauerlich heiß wird's in dem Zimmer.

FRITZ.

Das ist von den vielen Lichtern, die der Theodor angezündet hat.

MIZI.

Und von dem Wein. *(Sie lehnt sich in den Fauteuil zurück.)*

THEODOR.

Komm nur daher, jetzt kriegst du ja erst das Beste. *(Er schneidet ein Stückchen von der Torte ab und steckt's ihr in den Mund.)* Da, du Katz – gut? –

MIZI.

Sehr! ... *(Er gibt ihr noch eins.)*

THEODOR.

Geh, Fritz, jetzt ist der Moment! Jetzt könntest du was spielen!

FRITZ.

Willst du, Christin'?

CHRISTINE.

Bitte! –

MIZI.

Aber was Fesches!
(Theodor füllt die Gläser.)

MIZI.

Kann nicht mehr. *(Trinkt.)*

CHRISTINE *(nippend)*.

Der Wein ist so schwer.

THEODOR *(auf den Wein weisend)*.

Fritz!

FRITZ *(leert das Glas, geht zum Klavier)*.

CHRISTINE *(setzt sich zu ihm)*.

MIZI.

Herr Fritz, spielen's den Doppeladler.

FRITZ.

Den Doppeladler – Wie geht der?

MIZI.

Dori, kannst du nicht den Doppeladler spielen?

THEODOR.

Ich kann überhaupt nicht Klavier spielen.

FRITZ.

Ich kenne ihn ja; er fällt mir nur nicht ein.

MIZI.

Ich werd ihn Ihnen vorsingen … La … la … lalalala …
la …

FRITZ.

Aha, ich weiß schon. *(Spielt, aber nicht ganz richtig.)*

MIZI *(geht zum Klavier).*

Nein, so … *(Spielt die Melodie mit einem Finger.)*

FRITZ.

Ja, ja … *(Er spielt, Mizi singt mit.)*

THEODOR.

Das sind wieder süße Erinnerungen, was? …

FRITZ *(spielt wieder unrichtig und hält inne).*

Es geht nicht. Ich hab gar kein Gehör. *(Er phantasiert.)*

MIZI *(gleich nach dem ersten Takt).*

Das ist nichts!

FRITZ *(lacht).*

Schimpfen Sie nicht, das ist von mir! –

MIZI.

Aber zum Tanzen ist es nicht.

FRITZ.

Probieren Sie nur einmal …

THEODOR *(zu Mizi).*

Komm, versuchen wir's. *(Er nimmt sie um die Taille, sie
tanzen.)*

CHRISTINE *(steht am Klavier und schaut auf die Tasten. – Es
klingelt).*

FRITZ *(hört plötzlich auf zu spielen; Theodor und Mizi tanzen weiter).*

THEODOR *und* MIZI *zugleich.*

Was ist denn das? – Na!

FRITZ.

Es hat eben geklingelt … *(Zu Theodor.)* Hast du denn noch jemanden eingeladen? …

THEODOR.

Keine Idee – Du brauchst ja nicht zu öffnen.

CHRISTINE *(zu Fritz).*

Was hast du denn?

FRITZ.

Nichts …
(Es klingelt wieder. Fritz steht auf, bleibt stehen.)

THEODOR.

Du bist einfach nicht zu Hause.

FRITZ.

Man hört ja das Klavierspielen bis auf den Gang … Man sieht auch von der Straße her, daß es beleuchtet ist.

THEODOR.

Was sind denn das für Lächerlichkeiten? Du bist eben nicht zu Haus.

FRITZ.

Es macht mich aber nervös.

THEODOR.

Na, was wird's denn sein? Ein Brief! – Oder ein Telegramm – Du wirst ja um *(auf die Uhr sehend)* um neun keinen Besuch bekommen.
(Es klingelt wieder.)

FRITZ.

Ach was, ich muß doch nachsehn – *(Geht hinaus.)*

MIZI.

Aber ihr seid auch gar nicht fesch – *(Schlägt ein paar Tasten auf dem Klavier an.)*

THEODOR.

Geh, hör jetzt auf! – *(Zu Christine.)* Was haben Sie denn? Macht Sie das Klingeln auch nervös? –

FRITZ (*kommt zurück, mit erkünstelter Ruhe*).

THEODOR *und* CHRISTINE *zugleich.*

Na, wer war's? – Wer war's?

FRITZ (*gezwungen lächelnd*).

Ihr müßt so gut sein, mich einen Moment zu entschuldigen. Geht unterdessen da hinein.

THEODOR.

Was gibt's denn?

CHRISTINE.

Wer ist's?

FRITZ.

Nichts, Kind, ich habe nur zwei Worte mit einem Herrn zu sprechen ...

(*Hat die Tür zum Nebenzimmer geöffnet, geleitet die Mädchen hinein, Theodor ist der letzte, sieht Fritz fragend an.*)

FRITZ (*leise, mit entsetztem Ausdruck*).

Er! ...

THEODOR.

Ah! ...

FRITZ.

Geh hinein, geh hinein. –

THEODOR.

Ich bitt dich, mach keine Dummheiten, es kann eine Falle sein ...

FRITZ.

Geh ... geh ... –

(*Theodor ins Nebenzimmer. – Fritz geht rasch durchs Zimmer, auf den Gang, so daß die Bühne einige Augenblicke leer bleibt. Dann tritt er wieder auf, indem er einen elegant gekleideten Herrn von etwa fünfunddreißig Jahren voraus eintreten läßt. – Der Herr ist in gelbem Überzieher, trägt Handschuhe, hält den Hut in der Hand.*)

Fritz. Der Herr.

FRITZ *(noch im Eintreten).*
　Pardon, daß ich Sie warten ließ … ich bitte …
DER HERR *(in ganz leichtem Tone).*
　Oh, das tut nichts. Ich bedaure sehr, Sie gestört zu haben.
FRITZ.
　Gewiß nicht. Bitte wollen Sie nicht – *(Weist ihm einen Stuhl an.)*
DER HERR.
　Ich sehe ja, daß ich Sie gestört habe. Kleine Unterhaltung, wie?
FRITZ.
　Ein paar Freunde.
DER HERR *(sich setzend, immer freundlich).*
　Maskenscherz wahrscheinlich?
FRITZ *(befangen).*
　Wieso?
DER HERR.
　Nun, Ihre Freunde haben Damenhüte und Mantillen.
FRITZ.
　Nun ja … *(lächelnd).* Es mögen ja Freundinnen auch dabei sein … *(Schweigen.)*
DER HERR.
　Das Leben ist zuweilen ganz lustig … ja … *(Er sieht den andern starr an.)*
FRITZ *(hält den Blick eine Weile aus, dann sieht er weg).*
　… Ich darf mir wohl die Frage erlauben, was mir die Ehre Ihres Besuches verschafft.
DER HERR.
　Gewiß … *(Ruhig.)* Meine Frau hat nämlich ihren Schleier bei Ihnen vergessen.
FRITZ.
　Ihre Frau Gemahlin, bei mir? … ihren … *(Lächelnd.)* Der Scherz ist ein bißchen sonderbar …

DER HERR *(plötzlich aufstehend, sehr stark, fast wild, indem er sich mit der einen Hand auf die Stuhllehne stützt).*

Sie h a t ihn vergessen.

FRITZ *(erhebt sich auch, und die beiden stehen einander gegenüber).*

DER HERR *(hebt die Faust, als wollte er sie auf Fritz niederfallen lassen; – in Wut und Ekel).*

Oh … !

FRITZ *(wehrt ab, geht einen kleinen Schritt nach rückwärts).*

DER HERR *(nach einer langen Pause).*

Hier sind Ihre Briefe. *(Er wirft ein Paket, das er aus der Tasche des Überziehers nimmt, auf den Schreibtisch.)* Ich bitte um die, welche Sie erhalten haben …

FRITZ *(abwehrende Bewegung).*

DER HERR *(heftig, mit Bedeutung).*

Ich will nicht, daß man sie – s p ä t e r bei Ihnen findet.

FRITZ *(sehr stark).*

Man wird sie nicht finden.

DER HERR *(schaut ihn an. Pause).*

FRITZ.

Was wünschen Sie noch von mir? …

DER HERR *(höhnisch).*

Was ich n o c h wünsche – ?

FRITZ.

Ich stehe zu Ihrer Verfügung …

DER HERR *(verbeugt sich kühl).*

Gut. – *(Er läßt seinen Blick im Zimmer umhergehen; wie er wieder den gedeckten Tisch, die Damenhüte etc. sieht, geht eine lebhafte Bewegung über sein Gesicht, als wollte es zu einem neuen Ausbruch seiner Wut kommen.)*

FRITZ *(der das bemerkt, wiederholt).*

Ich bin ganz zu Ihrer Verfügung. – Ich werde morgen bis zwölf Uhr zuhause sein.

DER HERR *(verbeugt sich und wendet sich zum Gehen).*

FRITZ *(begleitet ihn bis zur Tür, was der Herr abwehrt. Wie er weg ist, geht Fritz zum Schreibtisch, bleibt eine Weile stehen.*

Dann eilt er zum Fenster, sieht durch eine Spalte, die die Rou-
leaux gelassen, hinaus, und man merkt, wie er den auf dem
Trottoir gehenden Herrn mit den Blicken verfolgt. Dann ent-
fernt er sich von dem Fenster, bleibt, eine Sekunde lang zur
Erde schauend, stehen; dann geht er zur Tür des Nebenzim-
mers, öffnet sie zur Hälfte und ruft).
Theodor ... auf einen Moment.

Fritz. Theodor. Sehr rasch diese Szene.

THEODOR *(erregt).*
Nun ...
FRITZ.
Er weiß es.
THEODOR.
Nichts weiß er. Du bist ihm sicher hineingefallen. Hast
am Ende gestanden. Du bist ein Narr, sag ich dir ... Du
bist –
FRITZ *(auf die Briefe weisend).*
Er hat mir meine Briefe zurückgebracht.
THEODOR *(betroffen).*
Oh ... *(nach einer Pause).* Ich sag es immer, man soll nicht
Briefe schreiben.
FRITZ.
Er ist es gewesen, heute Nachmittag, da unten ...
THEODOR.
Also was hat's denn gegeben? – so sprich doch –
FRITZ.
Du mußt mir nun einen großen Dienst erweisen, Theo-
dor.
THEODOR.
Ich werde die Sache schon in Ordnung bringen.
FRITZ.
Davon ist hier nicht mehr die Rede.
THEODOR.
Also ...

FRITZ.

Es wird für alle Fälle gut sein ... *(sich unterbrechend)* –
aber wir können doch die armen Mädeln nicht so lange
warten lassen.

THEODOR.

Die können schon warten. Was wolltest du sagen?

FRITZ.

Es wird gut sein, wenn du heute noch Lensky aufsuchst.

THEODOR.

Gleich, wenn du willst.

FRITZ.

Du triffst ihn jetzt nicht ... aber zwischen elf und zwölf
kommt er ja sicher ins Kaffeehaus ... vielleicht kommt
ihr dann beide noch zu mir ...

THEODOR.

Geh, so mach doch kein solches Gesicht ... in neunund-
neunzig Fällen von hundert geht die Sache gut aus ...

FRITZ.

Es wird dafür gesorgt sein, daß d i e s e Sache n i c h t gut
ausgeht.

THEODOR.

Aber ich bitt dich, erinnere dich, im vorigen Jahr, die
Affaire zwischen dem Doktor Billinger und dem Herz, –
das war doch genau dasselbe.

FRITZ.

Laß das, du weißt es selbst, – er hätte mich einfach hier
in dem Zimmer niederschießen sollen, – es wär aufs Glei-
che herausgekommen.

THEODOR *(gekünstelt)*.

Ah, das ist famos! Das ist eine großartige Auffassung ...
Und wir, der Lensky und ich, wir sind nichts? Du
meinst, wir werden es zugeben – –

FRITZ.

Bitt dich, laß das! ... Ihr werdet einfach annehmen, was
man proponieren wird.

THEODOR.

Ah! –

FRITZ.

Wozu das alles, Theodor. Als wenn du's nicht wüßtest.

THEODOR.

Unsinn. Überhaupt, das Ganze ist Glückssache ... Ebenso gut kannst du ihn ...

FRITZ *(ohne darauf zu hören).*

Sie hat es geahnt. Wir beide haben es geahnt. Wir haben es gewußt ...

THEODOR.

Geh, Fritz ...

FRITZ *(zum Schreibtisch, sperrt die Briefe ein).*

Was sie in diesem Augenblick nur macht. Ob er sie ... Theodor ... das mußt du morgen in Erfahrung bringen, was dort geschehen ist.

THEODOR.

Ich werd es versuchen ...

FRITZ.

... Sieh auch, daß kein überflüssiger Aufschub ...

THEODOR.

Vor übermorgen früh wird's ja doch kaum sein können.

FRITZ *(beinahe angstvoll).*

Theodor!

THEODOR.

Also ... Kopf hoch. – Nicht wahr, auf innere Überzeugungen ist doch auch etwas zu geben – und ich hab die feste Überzeugung, daß alles ... gut ausgeht. *(Redet sich in Lustigkeit hinein.)* Ich weiß selbst nicht warum, aber ich hab einmal die Überzeugung!

FRITZ *(lächelnd).*

Was bist du für ein guter Kerl! – Aber was sagen wir nur den Mädeln?

THEODOR.

Das ist wohl sehr gleichgiltig. Schicken wir sie einfach weg.

FRITZ.

O nein. Wir wollen sogar möglichst lustig sein. Christine
darf gar nichts ahnen. Ich will mich wieder zum Klavier
setzen; ruf du sie indessen herein.
(Theodor wendet sich, unzufriedenen Gesichts, das zu tun.)
Und was wirst du ihnen sagen?

THEODOR.

Daß sie das gar nichts angeht.

FRITZ *(der sich zum Klavier gesetzt hat, sich nach ihm umwen-
dend).*

Nein, nein –

THEODOR.

Daß es sich um einen Freund handelt – das wird sich
schon finden.

FRITZ *(spielt ein paar Töne).*

THEODOR.

Bitte, meine Damen. *(Hat die Tür geöffnet.)*

Fritz. Theodor. Christine. Mizi.

MIZI.

Na endlich! Ist der schon fort?

CHRISTINE *(zu Fritz eilend).*

Wer war bei dir, Fritz?

FRITZ *(am Klavier, weiterspielend).*

Ist schon wieder neugierig!

CHRISTINE.

Ich bitt dich, Fritz, sag's mir.

FRITZ.

Schatz, ich kann's dir nicht sagen, es handelt sich wirklich um Leute, die du gar nicht kennst.

CHRISTINE *(schmeichelnd).*

Geh, Fritz, sag mir die Wahrheit!

THEODOR.

Sie läßt dich natürlich nicht in Ruh … Daß du ihr nichts
sagst! Du hast's ihm versprochen!

MIZI.

Geh, sei doch nicht so fad, Christin', laß ihnen die Freud! Sie machen sich eh nur wichtig!

THEODOR.

Ich muß den Walzer mit Fräulein Mizi zu Ende tanzen. *(Mit der Betonung eines Clowns.)* Bitte, Herr Kapellmeister – eine kleine Musik.

FRITZ *(spielt. Theodor und Mizi tanzen; nach wenig Takten).*

MIZI.

Ich kann nicht! *(Sie fällt in einen Fauteuil zurück.)*

THEODOR *(küßt sie, setzt sich auf die Lehne des Fauteuils, zu ihr).*

FRITZ *(bleibt am Klavier, nimmt Christine bei beiden Händen, sieht sie an).*

CHRISTINE *(wie erwachend).*

Warum spielst du nicht weiter?

FRITZ *(lächelnd).*

Genug für heut ...

CHRISTINE.

Siehst du, so möcht ich spielen können ...

FRITZ.

Spielst du viel? ...

CHRISTINE.

Ich komme nicht viel dazu; im Haus ist immer was zu tun. Und dann, weißt, wir haben ein so schlechtes Pianino.

FRITZ.

Ich möcht's wohl einmal versuchen. Ich möcht überhaupt gern dein Zimmer einmal sehn.

CHRISTINE *(lächelnd).*

's ist nicht so schön, wie bei dir! ...

FRITZ.

Und n o c h eins möcht ich: daß du mir einmal viel von dir erzählst ... recht viel ... ich weiß eigentlich so wenig von dir.

CHRISTINE.

Ist wenig zu erzählen. – Ich hab auch keine Geheimnisse,
– wie wer anderer …

FRITZ.

Du hast noch keinen lieb gehabt?

CHRISTINE *(sieht ihn nur an)*.

FRITZ *(küßt ihr die Hände)*.

CHRISTINE.

Und werd auch nie wen andern lieb haben …

FRITZ *(mit fast schmerzlichem Ausdruck)*.

Sag das nicht … sag's nicht … was weißt du denn? …
Hat dich dein Vater sehr gern, Christin'? –

CHRISTINE.

O Gott! … Es war auch eine Zeit, wo ich ihm alles erzählt hab. –

FRITZ.

Na, Kind, mach dir nur keine Vorwürfe … Ab und zu
hat man halt Geheimnisse – das ist der Lauf der Welt.

CHRISTINE.

… Wenn ich nur wüßte, daß du mich gern hast – da wär
ja alles ganz gut.

FRITZ.

Weißt du's denn nicht?

CHRISTINE.

Wenn du immer in dem Ton zu mir reden möchtest, ja
dann …

FRITZ.

Christin'! Du sitzt aber recht unbequem.

CHRISTINE.

Ach laß mich nur – es ist da ganz gut! *(Sie legt den Kopf
aufs Klavier.)*

FRITZ *(steht auf und streichelt ihr die Haare)*.

CHRISTINE.

Oh, das ist gut.
(Stille im Zimmer.)

THEODOR.

Wo sind denn die Zigarren, Fritz? –

FRITZ *(kommt zu ihm hin, der bei der Kredenz steht und schon gesucht hat).*

MIZI *(ist eingeschlummert).*

FRITZ *(reicht ihm ein Zigarrenkistchen).*

Und der schwarze Kaffee! *(Er schenkt zwei Tassen ein).*

THEODOR.

Kinder, wollt ihr nicht auch schwarzen Kaffee haben?

FRITZ.

Mizi, soll ich dir eine Tasse …

THEODOR.

Lassen wir sie schlafen … – Du trink übrigens keinen Kaffee heut. Du solltest dich möglichst bald zu Bette legen und schauen, daß du ordentlich schläfst.

FRITZ *(sieht ihn an und lacht bitter).*

THEODOR.

Na ja, jetzt stehn die Dinge nun einmal so wie sie stehn … und es handelt sich jetzt nicht darum, so großartig oder so tiefsinnig, sondern so vernünftig zu sein als möglich … darauf kommt es an … in solchen Fällen.

FRITZ.

Du kommst noch heute Nacht mit Lensky zu mir ja? …

THEODOR.

Das ist ein Unsinn. Morgen früh ist Zeit genug.

FRITZ.

Ich bitt dich drum.

THEODOR.

Also schön …

FRITZ.

Begleitest du die Mädeln nach Hause?

THEODOR.

Ja, und zwar sofort … Mizi! … Erhebe dich! –

MIZI.

Ihr trinkt da schwarzen Kaffee –! Gebt's mir auch einen! –

THEODOR.

Da hast du, Kind ...

FRITZ *(zu Christine hin)*.

Bist müd, mein Schatz? ...

CHRISTINE.

Wie lieb das ist, wenn du so sprichst.

FRITZ.

Sehr müd? –

CHRISTINE *(lächelnd)*.

– Der Wein. – Ich hab auch ein bissel Kopfweh ...

FRITZ.

Na, in der Luft wird dir das schon vergehn!

CHRISTINE.

Gehn wir schon? – Begleitest du uns?

FRITZ.

Nein, Kind. Ich bleib jetzt schon zu Haus ... Ich hab noch einiges zu tun.

CHRISTINE *(der wieder die Erinnerung kommt)*.

Jetzt ... Was hast du denn jetzt zu tun? –

FRITZ *(beinahe streng)*.

Du, Christin', das mußt du dir abgewöhnen! – *(Mild.)* Ich bin nämlich wie zerschlagen ... wir sind heut, der Theodor und ich, draußen auf dem Land zwei Stunden herumgelaufen –

THEODOR.

Ah, das war entzückend. Nächstens fahren wir alle zusammen hinaus aufs Land.

MIZI.

Ja, das ist fesch! Und ihr zieht euch die Uniform dazu an.

THEODOR.

Das ist doch wenigstens Natursinn!

CHRISTINE.

Wann sehen wir uns denn wieder?

FRITZ *(etwas nervös)*.

Ich schreib's dir schon.

CHRISTINE *(traurig)*.

Leb wohl. *(Wendet sich zum Gehen.)*

FRITZ *(bemerkt ihre Traurigkeit)*.

M o r g e n sehn wir uns, Christin'!

CHRISTINE *(froh)*.

Ja?

FRITZ.

In dem Garten ... dort bei der Linie wie neulich ... um –
sagen wir, um sechs Uhr ... ja? Ist's dir recht?

CHRISTINE *(nickt)*.

MIZI *(zu Fritz)*.

Gehst mit uns, Fritz?

THEODOR.

Die hat ein Talent zum Dusagen –!

FRITZ.

Nein, ich bleib schon zu Haus.

MIZI.

Der hat's gut! Was wir noch für einen Riesenweg nach
Haus haben ...

FRITZ.

Aber, Mizi, du hast ja beinah die ganze gute Torte stehn
lassen. Wart, ich pack sie dir ein – ja? –

MIZI *(zu Theodor)*.

Schickt sich das?

FRITZ *(schlägt die Torte ein)*.

CHRISTINE.

Die ist wie ein kleines Kind ...

MIZI *(zu Fritz)*.

Wart, dafür helf ich dir die Lichter auslöschen. *(Löscht ein
Licht nach dem andern aus; das Licht auf dem Schreibtisch
bleibt.)*

CHRISTINE.

Soll ich dir nicht das Fenster aufmachen? – es ist so
schwül. *(Sie öffnet das Fenster, Blick auf das gegenüberlie-
gende Haus.)*

FRITZ.

So Kinder. Jetzt leucht ich euch.

MIZI.

Ist denn schon ausgelöscht auf der Stiege? ...

THEODOR.

Na, selbstverständlich.

CHRISTINE.

Ah, die Luft ist gut, die da hereinkommt! ...

MIZI.

Mailüfterl ... *(Bei der Tür, Fritz hat den Leuchter in der Hand.)* Also, wir danken für die freundliche Aufnahme! –

THEODOR *(sie drängend).*

Geh, geh, geh, geh ...

FRITZ *(geleitet die andern hinaus. Die Tür bleibt offen, man hört die Personen draußen reden. Man hört die Wohnungstür aufschließen).*

MIZI.

Also pah! –

THEODOR.

Gib acht, da sind Stufen.

MIZI.

Danke schön für die Torte ...

THEODOR.

Pst, du weckst ja die Leute auf! –

CHRISTINE.

Gute Nacht!

THEODOR.

Gute Nacht!

(Man hört, wie Fritz die Türe draußen schließt und versperrt. – Während er hereintritt und das Licht auf den Schreibtisch stellt, hört man das Haustor unten öffnen und schließen.)

FRITZ *(geht zum Fenster und grüßt hinunter).*

CHRISTINE *(von der Straße).*

Gute Nacht!

MIZI *(ebenso; übermütig).*

Gute Nacht, du mein herziges Kind ...

THEODOR *(scheltend).*
    Du Mizi ...
    *(Man hört seine Worte, ihr Lachen, die Schritte verklingen.
    Theodor pfeift die Melodie des »Doppeladler«, die am späte-
    sten verklingt. Fritz sieht noch ein paar Sekunden hinaus,
    dann sinkt er auf den Fauteuil neben dem Fenster.)*

Vorhang

Zweiter Akt

Zimmer Christinens. Bescheiden und nett.

Christine kleidet sich eben zum Weggehen an. Katharina tritt auf, nachdem sie draußen angeklopft hat.

KATHARINA.
Guten Abend, Fräulein Christin'.

CHRISTINE *(die vor dem Spiegel steht, wendet sich um)*.
Guten Abend.

KATHARINA.
Sie wollen grad weggehn?

CHRISTINE.
Ich hab's nicht so eilig.

KATHARINA.
Ich komm nämlich von meinem Mann, ob Sie mit uns nachtmahlen gehn wollen in' Lehnergarten, weil heut dort Musik ist.

CHRISTINE.
Danke sehr, Frau Binder ... ich kann heut nicht ... ein anders Mal, ja? – Aber Sie sind nicht bös?

KATHARINA.
Keine Spur ... warum denn? Sie werden sich schon besser unterhalten können als mit uns.

CHRISTINE *(Blick)*.

KATHARINA.
Der Vater ist schon im Theater? ...

CHRISTINE.
O nein; er kommt noch früher nach Haus. Jetzt fangt's ja erst um halb acht an!

KATHARINA.
Richtig, das vergeß ich alleweil. Da werd ich gleich auf ihn warten, weil ich ihn schon lang bitten möcht wegen Freikarten zu dem neuen Stück ... Jetzt wird man's doch schon kriegen? ...

CHRISTINE.

Freilich ... es geht ja jetzt keiner mehr hinein, wenn einmal die Abende so schön werden.

KATHARINA.

Unsereins kommt ja sonst gar nicht dazu ... wenn man nicht zufällig Bekannte bei einem Theater hat ... Aber halten Sie sich meinetwegen nicht auf, Fräulein Christin', wenn Sie weg müssen. Meinem Mann wird's freilich sehr leid sein ... und noch wem andern vielleicht auch ...

CHRISTINE.

Wem?

KATHARINA.

Der Cousin von Binder ist mit, natürlich ... Wissen Sie, Fräulein Christin', daß er jetzt fix angestellt ist?

CHRISTINE *(gleichgiltig).*

Ah. –

KATHARINA.

Und mit einem ganz schönen Gehalt. Und ein so honetter junger Mensch. Und eine Verehrung hat er für Sie –

CHRISTINE.

Also – auf Wiedersehn, Frau Binder!

KATHARINA.

Dem könnt man von Ihnen erzählen, was man will – der möcht kein Wort glauben ...

CHRISTINE *(Blick).*

KATHARINA.

Es gibt schon solche Männer ...

CHRISTINE.

Adieu, Frau Binder.

KATHARINA.

Adieu ... *(Nicht zu boshaft im Ton.)* Daß Sie nur zum Rendezvous nicht zu spät kommen, Fräul'n Christin'!

CHRISTINE.

Was wollen Sie eigentlich von mir? –

KATHARINA.

Aber nichts, Sie haben ja recht! Man ist ja nur einmal jung.

CHRISTINE.

Adieu.

KATHARINA.

Aber einen Rat, Fräulein Christin', möcht ich Ihnen doch geben: ein bissel vorsichtiger sollten Sie sein!

CHRISTINE.

Ja, was heißt denn das?

KATHARINA.

Schau'n Sie, – Wien ist ja eine so große Stadt ... Müssen Sie sich Ihre Rendezvous grad hundert Schritt weit vom Haus geben?

CHRISTINE.

Das geht wohl niemanden was an.

KATHARINA.

Ich hab's gar nicht glauben wollen, wie mir's der Binder erzählt hat. Der hat Sie nämlich gesehn ... Geh, hab ich ihm gesagt, du wirst dich verschaut haben. Das Fräulein Christin', die ist keine Person, die mit eleganten jungen Herren am Abend spazieren geht, und wenn schon, so wird's doch so gescheit sein, und nicht grad in unserer Gassen! Na, sagt er, kannst sie ja selber fragen! Und, sagt er, ein Wunder ist's ja nicht – zu uns kommt sie gar nimmermehr – aber dafür lauft sie in einer Tour mit der Schlager-Mizi herum, ist das eine Gesellschaft für ein anständiges junges Mädel? – Die Männer sind ja so ordinär, Fräul'n Christin'. Und dem Franz hat er's natürlich auch gleich erzählen müssen, aber der ist schön bös worden, – und für die Fräul'n Christin' legt er die Hand ins Feuer, und wer was sagt, der hat's mit ihm zu tun. Und wie Sie so fürs Häusliche sind, und wie lieb Sie alleweil mit der alten Fräul'n Tant' gewesen sind – Gott schenk' ihr die ewige Ruh – und wie bescheiden und wie eingezogen als Sie leben und so weiter ... (*Pause.*) Vielleicht kommen S' doch mit zur Musik?

CHRISTINE.

Nein ...

Katharina. Christine. Weiring tritt auf.
Er hat einen Fliederzweig in der Hand.

WEIRING.
  Guten Abend … Ah, die Frau Binder. Wie geht's Ihnen denn?
KATHARINA.
  Dank schön.
WEIRING.
  Und das Linerl? – Und der Herr Gemahl? …
KATHARINA.
  Alles gesund, Gott sei Dank.
WEIRING.
  Na, das ist schön. – *(Zu Christine.)* Du bist noch zu Haus bei dem schönen Wetter – ?
CHRISTINE.
  Grad hab ich fortgehn wollen.
WEIRING.
  Das ist gescheit! – eine Luft ist heut draußen, was, Frau Binder, das ist was Wunderbar's. Ich bin jetzt durch den Garten bei der Linie gegangen – da blüht der Flieder – es ist eine Pracht! Ich hab mich auch einer Übertretung schuldig gemacht! *(Gibt den Fliederzweig der Christine.)*
CHRISTINE.
  Dank dir, Vater.
KATHARINA.
  Sein S' froh, daß Sie der Wachter nicht erwischt hat.
WEIRING.
  Gehn S' einmal hin, Frau Binder – es riecht noch genau so gut dort, als wenn ich das Zweigerl nicht abgepflückt hätt.
KATHARINA.
  Wenn sich das aber alle dächten –
WEIRING.
  Das wär freilich g'fehlt – !

CHRISTINE.

    Adieu, Vater!

WEIRING.

    Wenn du ein paar Minuten warten möchtest, so könntest
    du mich zum Theater hinbegleiten.

CHRISTINE.

    Ich … ich hab der Mizi versprochen, daß ich sie abhol …

WEIRING.

    Ah so. – Ist auch gescheiter. Jugend gehört zur Jugend.
    Adieu, Christin' …

CHRISTINE *(küßt ihn. Dann)*.

    Adieu Frau Binder! – *(Ab; Weiring sieht ihr zärtlich nach.)*

Katharina. Weiring.

KATHARINA.

    Das ist ja jetzt eine sehr intime Freundschaft mit der
    Fräul'n Mizi.

WEIRING.

    Ja. – Ich bin wirklich froh, daß die Tini eine Ansprach
    hat und nicht in einem fort zu Hause sitzt. Was hat denn
    das Mädel eigentlich von ihrem Leben! …

KATHARINA.

    Ja freilich.

WEIRING.

    Ich kann Ihnen gar nicht sagen, Frau Binder, wie weh
    mir's manchmal tut, wenn ich so nach Haus komm, von
    der Prob – und sie sitzt da, und näht – und Nachmittag,
    kaum stehn wir vom Tisch auf, so setzt sie sich schon
    wieder hin und schreibt ihre Noten …

KATHARINA.

    Na ja, die Millionäre haben's freilich besser wie unser-
    eins. Aber was ist denn eigentlich mit ihrem Singen? –

WEIRING.

    Das heißt nicht viel. Fürs Zimmer reicht die Stimme ja

aus, und für ihren Vater singt sie schön genug – aber leben kann man davon nicht.

KATHARINA.

Das ist aber schad.

WEIRING.

Ich bin froh, daß sie's selber einsieht. Werden i h r wenigstens die Enttäuschungen erspart bleiben. – Zum Chor von unserm Theater könnt ich sie natürlich bringen –

KATHARINA.

Freilich, mit d e r Figur!

WEIRING.

Aber da sind ja gar keine Aussichten.

KATHARINA.

Man hat wirklich Sorgen mit einem Mädel! Wenn ich denk, daß meine Linerl in fünf, sechs Jahren auch eine große Fräul'n ist. –

WEIRING.

Aber was setzen Sie sich denn nicht, Frau Binder?

KATHARINA.

Oh, ich dank schön, mein Mann holt mich gleich ab – ich bin ja nur heraufgekommen, die Christin' einladen! …

WEIRING.

Einladen – ?

KATHARINA.

Ja, zur Musik im Lehnergarten. Ich hab mir auch gedacht, daß sie das ein bissel aufheitern wird – sie braucht's ja wirklich.

WEIRING.

Könnt ihr wahrhaftig nicht schaden – besonders nach dem traurigen Winter. Warum geht sie denn nicht mit Ihnen – ?

KATHARINA.

Ich weiß nicht … Vielleicht weil der Cousin vom Binder mit ist.

WEIRING.

Ah, schon möglich. Den kann's nämlich nicht ausstehn.
Das hat sie mir selber erzählt.

KATHARINA.

Ja warum denn nicht? Der Franz ist ein sehr anständiger
Mensch – jetzt ist er sogar fix angestellt, das ist doch
heutzutag ein Glück für ein …

WEIRING.

Für ein … armes Mädel –

KATHARINA.

Für ein jedes Mädel ist das ein Glück.

WEIRING.

Ja, sagen Sie mir, Frau Binder, ist denn so ein blühendes
Geschöpf wirklich zu nichts anderem da, als für so einen
anständigen Menschen, der zufällig eine fixe Anstellung
hat?

KATHARINA.

Ist doch das gescheiteste! Auf einen Grafen kann man ja
doch nicht warten, und wenn einmal einer kommt, so
empfiehlt es sich dann gewöhnlich, ohne daß er einen ge-
heiratet hat … *(Weiring ist beim Fenster. Pause.)* Na ja …
Deswegen sag ich auch immer; man kann bei einem jungen Mädel nicht vorsichtig genug sein – besonders mit
dem Umgang –

WEIRING.

Ob's nur dafür steht, seine jungen Jahre so einfach zum
Fenster hinauszuwerfen? – Und was hat denn so ein armes Geschöpf schließlich von ihrer ganzen Bravheit,
wenn schon – nicht wahr – nach jahrelangem Warten – richtig der
Strumpfwirker kommt!

KATHARINA.

Herr Weiring, wenn mein Mann auch ein Strumpfwirker
ist, er ist ein honetter und ein braver Mann, über den ich
mich nie zu beklagen gehabt hab …

WEIRING *(begütigend).*

Aber, Frau Binder – geht denn das auf Sie! … Sie ha-

ben ja auch Ihre Jugend nicht zum Fenster hinausge-
worfen.

KATHARINA.

Ich weiß von der Zeit nichts mehr.

WEIRING.

Sagen S' das nicht – Sie können mir jetzt erzählen, was
Sie wollen – die Erinnerungen sind doch das Beste, was
Sie von Ihrem Leben haben.

KATHARINA.

Ich hab gar keine Erinnerungen.

WEIRING.

Na, na ...

KATHARINA.

Und was bleibt denn übrig, wenn eine schon solche Erinnerungen hat, wie Sie meinen? ... Die Reu'.

WEIRING.

Na, und was bleibt denn übrig – wenn sie – nicht einmal
was zum Erinnern hat – ? Wenn das ganze Leben nur so
vorbei gegangen ist, *(sehr einfach, nicht pathetisch)* ein Tag
wie der andere, ohne Glück und ohne Liebe – dann ist's
vielleicht besser?

KATHARINA.

Aber Herr Weiring, denken Sie doch nur an das alte
Fräul'n – an Ihre Schwester! ... Aber es tut Ihnen noch
weh, wenn man von ihr red't, Herr Weiring ...

WEIRING.

Es tut mir noch weh, ja ...

KATHARINA.

Freilich ... wenn zwei Leut so aneinander gehängt haben
... ich hab's immer gesagt, so einen Bruder wie Sie find't
man nicht bald.

WEIRING *(abwehrende Bewegung)*.

KATHARINA.

Es ist ja wahr. Sie haben ihr doch als ein ganz junger
Mensch Vater und Mutter ersetzen müssen.

WEIRING.

Ja, ja –

KATHARINA.

Das muß ja doch wieder eine Art Trost sein. Wenn man
so weiß, daß man immer der Wohltäter und Beschützer
von so einem armen Geschöpf gewesen ist –

WEIRING.

Ja, das hab ich mir früher auch eingebildet, – wie sie
noch ein schönes junges Mädel war, – und bin mir selber
weiß Gott wie gescheit und edel vorgekommen. Aber
dann, später, wie so langsam die grauen Haar' gekommen
sind und die Runzeln, und es ist ein Tag um den andern
hingegangen – und die ganze Jugend – und das junge
Mädel ist so allmälig – man merkt ja so was kaum – das
alte Fräulein geworden, – da hab ich erst zu spüren ange-
fangen, w a s ich eigentlich getan hab!

KATHARINA.

Aber Herr Weiring –

WEIRING.

Ich seh sie ja noch vor mir, wie sie mir oft gegenüberge-
sessen ist am Abend, bei der Lampe, in dem Zimmer da,
und hat mich so angeschaut mit ihrem stillen Lächeln,
mit dem gewissen gottergebenen, – als wollt sie mir noch
für was danken; – und ich – ich hätt mich ja am liebsten
vor ihr auf die Knie hingeworfen, sie um Verzeihung
bitten, daß ich sie so gut behütet hab vor allen Gefahren
– und vor allem Glück! *(Pause.)*

KATHARINA.

Und es wär doch manche froh, wenn sie immer so einen Bruder an der Seite gehabt hätt ... und nichts zu be-
reuen ...

Katharina. Weiring. Mizi tritt ein.

MIZI.

Guten Abend! ... Da ist aber schon ganz dunkel ... man
sieht ja gar nichts mehr. – Ah, die Frau Binder. Ihr Mann

ist unten, Frau Binder, und wart' auf Sie ... Ist die Christin' nicht zu Haus? ...

WEIRING.

Sie ist vor einer Viertelstunde weggegangen.

KATHARINA.

Haben Sie sie denn nicht getroffen? Sie hat ja mit Ihnen ein Rendezvous gehabt?

MIZI.

Nein ... wir haben uns jedenfalls verfehlt ... Sie gehn mit Ihrem Mann zur Musik, hat er mir gesagt – ?

KATHARINA.

Ja, er schwärmt so viel dafür. Aber hören Sie, Fräulein Mizi, Sie haben ein reizendes Hüterl auf. Neu, was?

MIZI.

Aber keine Spur. – Kennen Sie denn die Form nimmer? Vom vorigen Frühjahr; nur aufgeputzt ist er neu.

KATHARINA.

Selber haben Sie sich ihn neu aufgeputzt?

MIZI.

Na, freilich.

WEIRING.

So geschickt!

KATHARINA.

Natürlich – ich vergeß immer, daß Sie ein Jahr lang in einem Modistengeschäft waren.

MIZI.

Ich werd wahrscheinlich wieder in eins gehn. Die Mutter will's haben – da kann man nichts machen.

KATHARINA.

Wie geht's denn der Mutter?

MIZI.

Na gut – ein bissel Zahnweh hat's – aber der Doktor sagt, es ist nur rheumatisch ...

WEIRING.

Ja, jetzt ist es aber für mich die höchste Zeit ...

KATHARINA.
  Ich geh gleich mit Ihnen hinunter, Herr Weiring ...
MIZI.
  Ich geh auch mit ... Aber nehmen Sie sich doch den
  Überzieher, Herr Weiring, es wird später noch recht
  kühl.
WEIRING.
  Glauben Sie?
KATHARINA.
  Freilich ... Wie kann man denn so unvorsichtig sein.

                    Vorige. Christine.
MIZI.
  Da ist sie ja ...
KATHARINA.
  Schon zurück vom Spaziergang?
CHRISTINE.
  Ja. Grüß dich Gott, Mizi ... Ich hab so Kopfweh ...
  (Setzt sich.)
WEIRING.
  Wie? ...
KATHARINA.
  Das ist wahrscheinlich von der Luft ...
WEIRING.
  Geh, was hast denn, Christin'! ... Bitt Sie, Fräulein Mizi,
  zünden S' die Lampe an.
MIZI *(macht sich bereit)*.
CHRISTINE.
  Aber das kann ich ja selber.
WEIRING.
  Ich möcht dein Gesicht sehn, Christin'! ...
CHRISTINE.
  Aber Vater, es ist ja gar nichts, es ist gewiß von der Luft
  draußen.
KATHARINA.
  Manche Leut können grad das Frühjahr nicht vertragen.

WEIRING.

Nicht wahr, Fräulein Mizi, Sie bleiben noch bei der Christin'?

MIZI.

Freilich bleib ich da ...

CHRISTINE.

Aber es ist ja gar nichts, Vater.

MIZI.

Meine Mutter macht nicht so viel Geschichten mit mir, wenn ich Kopfweh hab ...

WEIRING *(zu Christine, die noch sitzt).*

Bist du so müd? ...

CHRISTINE *(vom Sessel aufstehend).*

Ich steh schon wieder auf. *(Lächelt.)*

WEIRING.

So – jetzt schaust du schon wieder ganz anders aus. – *(Zu Katharina.)* Ganz anders schaut sie aus, wenn sie lacht, was ...? Also Adieu, Christin' ... *(Küßt sie.)* Und daß das Kopferl nimmer weh tut, wenn ich nach Haus komm! ... *(Ist bei der Tür.)*

KATHARINA *(leise zu Christine).*

Habt's ihr euch gezankt? ...

(Unwillige Bewegung Christinens.)

WEIRING *(bei der Tür).*

Frau Binder ... !

MIZI.

Adieu! ...

(Weiring und Katharina ab.)

Mizi. Christine.

MIZI.

Weißt, woher die Kopfweh kommen? Von dem süßen Wein gestern. Ich wunder mich so, daß ich gar nichts davon gespürt hab ... Aber lustig ist's gewesen, was ...?

CHRISTINE *(nickt).*

MIZI.

Sind sehr fesche Leut, beide; – kann man gar nichts sagen, was? – Und schön eingerichtet ist der Fritz, wirklich prachtvoll! Beim Dori … *(Unterbricht sich.)* Ah, nichts … – Geh, hast noch immer so starke Kopfschmerzen? Warum redst denn nichts? … Was hast denn? …

CHRISTINE.

Denk dir, – er ist nicht gekommen. – –

MIZI.

Er hat dich aufsitzen lassen? Das geschieht dir recht!

CHRISTINE.

Ja, was heißt das? Was hab ich denn getan? –

MIZI.

Verwöhnen tust du ihn, zu gut bist du zu ihm. Da muß ja ein Mann arrogant werden.

CHRISTINE.

Aber du weißt ja nicht, was du sprichst.

MIZI.

Ich weiß ganz gut, was ich red. – Schon die ganze Zeit ärger ich mich über dich. Er kommt zu spät zu den Rendezvous, er begleit' dich nicht nach Haus, er setzt sich zu fremden Leuten in die Log' hinein, er laßt dich einfach aufsitzen – das laßt du dir alles ruhig gefallen und schaust ihn noch dazu *(sie parodierend)* mit so verliebten Augen an. –

CHRISTINE.

Geh, sprich nicht so, stell dich doch nicht schlechter, als du bist. Du hast ja den Theodor auch gern.

MIZI.

Gern – freilich hab ich ihn gern. Aber das erlebt der Dori nicht, und das erlebt überhaupt kein Mann mehr, daß ich mich um ihn kränken tät – das sind sie alle zusamm' nicht wert, die Männer.

CHRISTINE.

Nie hab ich dich so reden gehört, nie! –

MIZI.

Ja, Tinerl – früher haben wir doch überhaupt nicht so mit einander gered't. – Ich hab mich ja gar nicht getraut. Was glaubst denn, was ich für einen Respekt vor dir gehabt hab! ... Aber siehst, das hab ich mir immer gedacht: wenn's einmal über dich kommt, wird's dich ordentlich haben. Das erste Mal beutelt's einen schon zusammen! – Aber dafür kannst du auch froh sein, daß du bei deiner ersten Liebe gleich eine so gute Freundin zum Beistand hast.

CHRISTINE.

Mizi!

MIZI.

Glaubst mir's nicht, daß ich dir eine gute Freundin bin? Wenn ich nicht da bin und dir sag: Kind, er ist ein Mann wie die anderen und alle zusammen sind's nicht eine böse Stund wert, so setzt du dir weiß Gott was für Sachen in den Kopf. Ich sag's aber immer: Den Männern soll man überhaupt kein Wort glauben.

CHRISTINE.

Was redst du denn – die Männer, die Männer – was gehn mich denn die Männer an! – Ich frag ja nicht nach den anderen. – In meinem ganzen Leben werd ich nach keinem andern fragen – –

MIZI.

... Ja, was glaubst du denn eigentlich ... hat er dir denn ... ? freilich! – es ist schon alles vorgekommen; aber da hättest du die Geschichte anders anfangen müssen ...

CHRISTINE.

Schweig endlich!

MIZI.

Na, was willst denn von mir? Ich kann ja nichts dafür, – das muß man sich früher überlegen. Da muß man halt warten, bis einer kommt, dem man die ernsten Absichten gleich am Gesicht ankennt ...

CHRISTINE.

Mizi, ich kann solche Worte heute nicht vertragen, sie tun mir weh. –

MIZI *(gutmütig)*.

Na, geh –

CHRISTINE.

Laß mich lieber ... sei nicht bös ... laß mich lieber allein!

MIZI.

Warum soll ich denn bös sein? Ich geh schon. Ich hab dich nicht kränken wollen, Christin', wirklich ... *(Wie sie sich zum Gehen wendet.)* Ah, der Herr Fritz.

Vorige. Fritz ist eingetreten.

FRITZ.

Guten Abend.

CHRISTINE *(aufjubelnd)*.

Fritz, Fritz! *(Ihm entgegen, in seine Arme.)*

MIZI *(schleicht sich hinaus, mit einer Miene, die ausdrückt: Da bin ich überflüssig)*.

FRITZ *(sich losmachend)*.

Aber –

CHRISTINE.

Alle sagen, daß du mich verlassen wirst! Nicht wahr, du tust es nicht – jetzt noch nicht – jetzt noch nicht ...

FRITZ.

Wer sagt denn das? ... Was hast du denn ... *(Sie streichelnd.)* Aber Schatz! ... Ich hab mir eigentlich gedacht, daß du recht erschrecken wirst, wenn ich plötzlich da herein komme. –

CHRISTINE.

Oh – daß du nur da bist!

FRITZ.

Geh, so beruhig dich doch – hast du lang auf mich gewartet?

CHRISTINE.

Warum bist du denn nicht gekommen?

FRITZ.

Ich bin aufgehalten worden, hab mich verspätet. Jetzt bin ich im Garten gewesen, und hab dich nicht gefunden – und hab wieder nach Haus gehen wollen. Aber plötzlich hat mich eine solche Sehnsucht gepackt, ein solche Sehnsucht nach diesem lieben süßen Gesichtel ...

CHRISTINE *(glücklich)*.

Is wahr?

FRITZ.

Und dann hab ich auch plötzlich eine so unbeschreibliche Lust bekommen, zu sehen, wo du eigentlich wohnst – ja im Ernst – ich hab das einmal sehen m ü s s e n – und da hab ich's nicht ausgehalten und bin da herauf ... es ist dir also nicht unangenehm?

CHRISTINE.

O Gott!

FRITZ.

Es hat mich niemand gesehn – und daß dein Vater im Theater ist, hab ich ja gewußt.

CHRISTINE.

Was liegt mir an den Leuten!

FRITZ.

Also da – ? *(Sieht sich im Zimmer um.)* Das also ist dein Zimmer? Sehr hübsch ...

CHRISTINE.

Du siehst ja gar nichts. *(Will den Schirm von der Lampe nehmen.)*

FRITZ.

Nein, laß nur, das blendet mich, ist besser so ... Also da? Das ist das Fenster, von dem du mir erzählt hast, an dem du immer arbeitest, was? – Und die schöne Aussicht! *(Lächelnd.)* Über wieviel Dächer man da sieht ... Und da drüben – ja, was ist denn das, das schwarze, das man da drüben sieht?

CHRISTINE.

Das ist der Kahlenberg!

FRITZ.

Richtig! Du hast's eigentlich schöner als ich.

CHRISTINE.

Oh!

FRITZ.

Ich möchte gern so hoch wohnen, über alle Dächer sehn, ich finde das sehr schön. Und auch still muß es in der Gasse sein?

CHRISTINE.

Ach, bei Tag ist Lärm genug.

FRITZ.

Fährt denn da je ein Wagen vorbei?

CHRISTINE.

Selten, aber gleich im Haus drüben ist eine Schlosserei.

FRITZ.

Oh, das ist sehr unangenehm. *(Er hat sich niedergesetzt.)*

CHRISTINE.

Das gewöhnt man! Man hört's gar nicht mehr.

FRITZ *(steht rasch wieder auf)*.

Bin ich wirklich zum ersten Mal da – ? Es kommt mir alles so bekannt vor! ... Genau so hab ich mir's eigentlich vorgestellt. *(Wie er Miene macht, sich näher im Zimmer umzusehen.)*

CHRISTINE.

Nein, anschaun darfst du dir da nichts. –

FRITZ.

Was sind denn das für Bilder? ...

CHRISTINE.

Geh! ...

FRITZ.

Ah, die möcht ich mir ansehn. *(Er nimmt die Lampe und beleuchtet die Bilder.)*

CHRISTINE.

... Abschied – und Heimkehr.

FRITZ.

Richtig – Abschied und Heimkehr!

CHRISTINE.

Ich weiß schon, daß die Bilder nicht schön sind. Beim Vater drin hängt eins, das ist viel besser.

FRITZ.

Was ist das für ein Bild?

CHRISTINE.

Das ist ein Mädel, die schaut zum Fenster hinaus, und draußen, weißt, ist der Winter – und das heißt »Verlassen«. –

FRITZ.

So ... *(Stellt die Lampe hin.)* Ah, und da ist deine Bibliothek. *(Setzt sich neben die kleine Bücherstellage.)*

CHRISTINE.

Die schau dir lieber nicht an –

FRITZ.

Warum denn? Ah! – Schiller ... Hauff ... Das Konversationslexikon ... Donnerwetter! –

CHRISTINE.

Geht nur bis G ...

FRITZ *(lächelnd)*.

Ach so ... Das Buch für Alle ... Da schaust du dir die Bilder drin an, was?

CHRISTINE.

Natürlich hab ich mir die Bilder angeschaut.

FRITZ *(noch sitzend)*.

– Wer ist denn der Herr da auf dem Ofen?

CHRISTINE *(belehrend)*.

Das ist doch der Schubert.

FRITZ *(aufstehend)*.

Richtig –

CHRISTINE.

Weil ihn der Vater so gern hat. Der Vater hat früher auch einmal Lieder komponiert, sehr schöne.

FRITZ.

Jetzt nimmer?

CHRISTINE.

Jetzt nimmer. *(Pause.)*

FRITZ *(setzt sich).*

So gemütlich ist es da! –

CHRISTINE.

Gefällt's dir wirklich?

FRITZ.

Sehr ... Was ist denn das? *(Nimmt eine Vase mit Kunstblumen, die auf dem Tisch steht.)*

CHRISTINE.

Er hat schon wieder was gefunden! ...

FRITZ.

Nein, Kind, das gehört nicht da herein ... das sieht verstaubt aus.

CHRISTINE.

Die sind aber gewiß nicht verstaubt.

FRITZ.

Künstliche Blumen sehen immer verstaubt aus ... In deinem Zimmer müssen wirkliche Blumen stehn, die duften und frisch sind. Von jetzt an werde ich dir ... *(Unterbricht sich; wendet sich ab, um seine Bewegung zu verbergen.)*

CHRISTINE.

Was denn? ... Was wolltest du denn sagen?

FRITZ.

Nichts, nichts ...

CHRISTINE *(steht auf, zärtlich).*

Was? –

FRITZ.

Daß ich dir morgen frische Blumen schicken werde; hab ich sagen wollen ...

CHRISTINE.

Na, und reut's dich schon? – Natürlich! Morgen denkst du ja nicht mehr an mich.

FRITZ *(abwehrende Bewegung)*.

CHRISTINE.

Gewiß! Wenn du mich nicht siehst, denkst du nicht an mich.

FRITZ.

Aber was redst du denn?

CHRISTINE.

O ja, ich weiß es. Ich spür's ja.

FRITZ.

Wie kannst du dir denn das nur einbilden.

CHRISTINE.

Du selbst bist Schuld daran. Weil du immer Geheimnisse vor mir hast! ... Weil du mir gar nichts von dir erzählst. – Was tust du so den ganzen Tag?

FRITZ.

Aber Schatz, das ist ja sehr einfach. Ich geh in Vorlesungen – zuweilen – dann geh ich ins Kaffeehaus ... dann les ich ... zuweilen spiel ich auch Klavier – dann plauder ich mit dem oder jenem – dann mach ich Besuche ... das ist doch alles ganz belanglos. Es ist ja langweilig davon zu reden. – Jetzt muß ich übrigens gehn, Kind ...

CHRISTINE.

Jetzt schon –

FRITZ.

Dein Vater wird ja bald da sein.

CHRISTINE.

Noch lang nicht, Fritz. – Bleib noch – eine Minute – bleib noch –

FRITZ.

Und dann hab ich ... der Theodor erwartet mich ... Ich hab mit ihm noch was zu sprechen.

CHRISTINE.

Heut?

FRITZ.

Gewiß heut.

CHRISTINE.

Wirst ihn morgen auch sehn!

FRITZ.

Ich bin morgen vielleicht gar nicht in Wien!

CHRISTINE.

Nicht in Wien? –

FRITZ *(ihre Ängstlichkeit bemerkend, ruhig – heiter).*

Nun ja, das kommt ja vor? Ich fahr übern Tag weg – oder auch über zwei, du Kind. –

CHRISTINE.

Wohin?

FRITZ.

Wohin! ... Irgendwohin – Ach Gott, so mach doch kein solches Gesicht ... Aufs Gut fahr ich zu meinen Eltern ... na, ... ist das auch unheimlich?

CHRISTINE.

Auch von denen, schau, erzählst du mir nie!

FRITZ.

Nein, was du für ein Kind bist ... Du verstehst gar nicht, wie schön das ist, daß wir so vollkommen mit uns allein sind. Sag, spürst du denn das nicht?

CHRISTINE.

Nein, es ist gar nicht schön, daß du mir nie was von dir erzählst ... Schau, mich interessiert ja alles, was dich angeht, ach ja ... alles, – ich möcht mehr von dir haben als die eine Stunde am Abend, die wir manchmal beisammen sind. Dann bist du ja wieder fort, und ich weiß gar nichts ... Da geht dann die ganze Nacht vorüber und ein ganzer Tag mit den vielen Stunden – und nichts weiß ich. Darüber bin ich oft so traurig.

FRITZ.

Warum bist du denn da traurig?

CHRISTINE.

Ja, weil ich dann so eine Sehnsucht nach dir hab, als wenn du gar nicht in derselben Stadt, als wenn du ganz

wo anders wärst! Wie verschwunden bist du da für mich,
so weit weg ...

FRITZ *(etwas ungeduldig).*

Aber ...

CHRISTINE.

Na schau, es ist ja wahr! ...

FRITZ.

Komm daher, zu mir. *(Sie ist bei ihm.)* Du weißt ja doch
nur eins, wie ich – daß du mich in d i e s e m Augenblicke
liebst ... *(Wie sie reden will.)* Sprich nicht von Ewigkeit.
(Mehr für sich.) Es gibt ja vielleicht Augenblicke, die einen Duft von Ewigkeit um sich sprühen. – ... Das ist die
einzige, die wir verstehen können, die einzige, die uns
gehört ... *(Er küßt sie. – Pause. – Er steht auf. – Ausbre-
chend.)* Oh, wie schön ist es bei dir, wie schön! ... *(Er
steht beim Fenster.)* So weltfern ist man da, mitten unter
den vielen Häusern ... so einsam komm ich mir vor, so
mit dir allein ... *(leise)* so geborgen ...

CHRISTINE.

Wenn du immer so sprächst ... da könnt ich fast glauben ...

FRITZ.

Was denn, Kind?

CHRISTINE.

Daß du mich so lieb hast, wie ich's mir geträumt hab – an
den Tag, wo du mir den ersten Kuß gegeben hast ... erinnerst du dich daran? –

FRITZ *(leidenschaftlich).*

Ich h a b dich lieb! – *(Er umarmt sie; reißt sich los.)* Aber
jetzt laß mich fort –

CHRISTINE.

Reut's dich denn schon wieder, daß du mir's gesagt hast?
Du bist ja frei, du bist ja frei – du kannst mich ja sitzen
lassen, wann du willst, ... du hast mir nichts versprochen
– und ich hab nichts von dir verlangt ... Was dann aus

mir wird – es ist ja ganz einerlei – ich bin doch einmal
glücklich gewesen, mehr will ich ja vom Leben nicht. Ich
möchte nur, daß du das weißt, und mir glaubst: daß ich
keinen lieb gehabt vor dir, und daß ich keinen lieb haben
werde – wenn du mich einmal nimmer willst –

FRITZ *(mehr für sich)*.

Sag's nicht, sag's nicht – es klingt … zu schön …
(Es klopft.)

FRITZ *(schrickt zusammen)*.

Es wird Theodor sein …

CHRISTINE *(betroffen)*.

Er weiß, daß du bei mir bist – ?

Christine. Fritz. Theodor tritt ein.

THEODOR.

Guten Abend. – Unverschämt, was?

CHRISTINE.

Haben Sie so wichtige Dinge mit ihm zu besprechen?

THEODOR.

Gewiß – und hab ihn schon überall gesucht.

FRITZ *(leise)*.

Warum hast du nicht unten gewartet?

CHRISTINE.

Was flüsterst du ihm zu?

THEODOR *(absichtlich laut)*.

Warum ich nicht unten gewartet habe? … Ja, wenn ich
bestimmt gewußt hätte, daß du da bist … Aber da ich
das nicht habe riskieren können, unten zwei Stunden auf
und ab zu spazieren …

FRITZ *(mit Beziehung)*.

Also … Du fährst morgen mit m i r ?

THEODOR *(verstehend)*.

Stimmt! …

FRITZ.

Das ist gescheit …

THEODOR.

Ich bin aber so gerannt, daß ich um die Erlaubnis bitten muß, mich auf zehn Sekunden niederzusetzen.

CHRISTINE.

Bitte sehr – *(Macht sich beim Fenster zu schaffen.)*

FRITZ *(leise).*

Gibt's was Neues? – Hast du etwas über sie erfahren?

THEODOR *(leise zu Fritz).*

Nein. Ich hol dich nur da herunter, weil du leichtsinnig bist. Wozu noch diese überflüssigen Aufregungen? Schlafen sollst du dich legen ... Ruhe brauchst du! ... *(Christine wieder bei ihnen.)*

FRITZ.

Sag, findest du das Zimmer nicht wunderlieb?

THEODOR.

Ja, es ist sehr nett ... *(Zu Christine.)* Stecken Sie den ganzen Tag da zu Haus? – Es ist übrigens wirklich sehr wohnlich. Ein bißchen hoch für meinen Geschmack.

FRITZ.

Das find ich grad so hübsch.

THEODOR.

Aber jetzt entführ ich Ihnen den Fritz, wir müssen morgen früh aufstehn.

CHRISTINE.

Also du fährst wirklich weg?

THEODOR.

Er kommt wieder, Fräulein Christin'!

CHRISTINE.

Wirst du mir schreiben?

THEODOR.

Aber wenn er morgen wieder zurück ist –

CHRISTINE.

Ach, ich weiß, er fährt auf länger fort ...

FRITZ *(zuckt zusammen).*

THEODOR *(der es bemerkt).*

Muß man denn da gleich schreiben? Ich hätte Sie gar

nicht für so sentimental gehalten ... d i c h will ich sagen – wir sind ja per du ... Also ... gebt euch nur den Abschiedskuß, da ihr auf so lang ... *(Unterbricht sich.)* Na, ich bin nicht da.
(Fritz und Christine küssen einander.)

THEODOR *(nimmt eine Zigarettentasche hervor und steckt eine Zigarette in den Mund, sucht in seiner Überziehertasche nach einem Streichholz. Wie er keines findet).*
Sagen Sie, liebe Christine, haben Sie kein Zündholz?

CHRISTINE.
O ja, da sind welche! *(Auf ein Feuerzeug auf der Kommode deutend.)*

THEODOR.
Da ist keins mehr. –

CHRISTINE.
Ich bring Ihnen eins. *(Läuft rasch ins Nebenzimmer.)*

FRITZ *(ihr nachsehend; zu Theodor).*
O Gott, wie l ü g e n solche Stunden!

THEODOR.
Na, was für Stunden denn!

FRITZ.
Jetzt bin ich nahe dran zu glauben, daß hier mein Glück wäre, daß dieses süße Mädel – *(er unterbricht sich)* aber diese Stunde ist eine große Lügnerin ...

THEODOR.
Abgeschmacktes Zeug ... Wie wirst du darüber lachen. –

FRITZ.
Dazu werd ich wohl keine Zeit mehr haben.

CHRISTINE *(kommt zurück mit Zündhölzchen).*
Hier haben Sie!

THEODOR.
Danke sehr ... Also adieu. – *(Zu Fritz.)* Na, was willst du denn noch? –

FRITZ *(sieht im Zimmer hin und her, als wollte er noch einmal alles in sich aufnehmen).*
Da kann man sich kaum trennen.

CHRISTINE.

Geh, mach dich nur lustig.

THEODOR *(stark)*.

Komm. – Adieu, Christine.

FRITZ.

Leb wohl ...

CHRISTINE.

Auf Wiedersehn! –

(Theodor und Fritz gehn.)

CHRISTINE *(bleibt beklommen stehn, dann geht sie bis zur Tür, die offen steht; halblaut)*.

Fritz! ...

FRITZ *(kommt noch einmal zurück und drückt sie an sein Herz)*.

Leb wohl! ...

Vorhang

Dritter Akt

Dasselbe Zimmer wie im vorigen. Es ist um die Mittagsstunde.

Christine allein. Sie sitzt am Fenster; – näht; legt die Arbeit wieder hin. – Lina, die neunjährige Tochter Katharinens, tritt ein.

LINA.
Guten Tag, Fräul'n Christin!

CHRISTINE *(sehr zerstreut)*.
Grüß dich Gott, mein Kind, was willst denn?

LINA.
Die Mutter schickt mich, ob ich die Karten fürs Theater gleich mitnehmen darf. –

CHRISTINE.
Der Vater ist noch nicht zu Haus, Kind; willst warten?

LINA.
Nein, Fräul'n Christin', da komm ich nach dem Essen wieder her.

CHRISTINE.
Schön. –

LINA *(schon gehend, wendet sich wieder um)*.
Und die Mutter laßt das Fraulein Christin' schön grüßen, und ob's noch Kopfweh hat?

CHRISTINE.
Nein, mein Kind –

LINA.
Adieu, Fräul'n Christin'!

CHRISTINE.
Adieu! –
(Wie Lina hinausgeht, ist Mizi an der Tür.)

LINA.
Guten Tag, Fräul'n Mizi.

MIZI.
Servus, kleiner Fratz!
(Lina ab.)

Christine. Mizi.

CHRISTINE *(steht auf, wie Mizi kommt, ihr entgegen).*
Also sind sie zurück?

MIZI.
Woher soll ich denn das wissen?

CHRISTINE.
Und du hast keinen Brief, nichts – ?

MIZI.
Nein.

CHRISTINE.
Auch du hast keinen Brief?

MIZI.
Was sollen wir uns denn schreiben?

CHRISTINE.
Seit vorgestern sind sie fort!

MIZI.
Na ja, das ist ja nicht so lang! Deswegen muß man ja
nicht solche Geschichten machen. Ich versteh dich gar
nicht … Wie du nur aussiehst. Du bist ja ganz verweint.
Dein Vater muß dir ja was anmerken, wenn er nach Haus
kommt.

CHRISTINE *(einfach).*
Mein Vater weiß alles. –

MIZI *(fast erschrocken).*
Was? –

CHRISTINE.
Ich hab es ihm gesagt.

MIZI.
Das ist wieder einmal gescheit gewesen. Aber natürlich,
dir sieht man ja auch gleich alles am Gesicht an. – Weiß
er am End auch, w e r ' s ist?

CHRISTINE.
Ja.

MIZI.
Und hat er sehr geschimpft?

CHRISTINE *(schüttelt den Kopf)*.

MIZI.

Also was hat er denn gesagt? –

CHRISTINE.

Nichts ... Er ist ganz still weggegangen, wie gewöhnlich. –

MIZI.

Und doch war's dumm, daß du was erzählt hast. Wirst schon sehn ... Weißt, warum dein Vater nichts drüber geredet hat – ? Weil er sich denkt, daß der Fritz dich heiraten wird.

CHRISTINE.

Warum sprichst du denn davon! –

MIZI.

Weißt du, was ich glaub?

CHRISTINE.

Was denn?

MIZI.

Daß die ganze Geschicht mit der Reise ein Schwindel ist.

CHRISTINE.

Was?

MIZI.

Sie sind vielleicht gar nicht fort.

CHRISTINE.

Sie sind fort – ich weiß es. – Gestern Abend bin ich an seinem Haus vorbei, die Jalousieen sind heruntergelassen; er ist nicht da. –

MIZI.

Das glaub ich schon. Weg werden sie ja sein. – Aber zurückkommen werden sie halt nicht – zu uns wenigstens nicht. –

CHRISTINE *(angstvoll)*.

Du –

MIZI.

Na, es ist doch möglich! –

CHRISTINE.

Das sagst du so ruhig –

MIZI.

Na ja, – ob heut oder morgen – oder in einem halben Jahr, das kommt doch schon auf eins heraus.

CHRISTINE.

Du weißt ja nicht, was du sprichst ... Du kennst den Fritz nicht – er ist ja nicht so, wie du dir denkst, – neulich hab ich's ja gesehn, wie er hier war, in dem Zimmer. Er stellt sich nur manchmal gleichgiltig – aber er hat mich lieb ... *(als würde sie Mizi's Antwort erraten)* – ja, ja – nicht für immer, ich weiß ja – aber auf einmal hört ja das nicht auf – !

MIZI.

Ich kenn ja den Fritz nicht so genau.

CHRISTINE.

Er kommt zurück, der Theodor kommt auch zurück, gewiß!

MIZI *(Geste, die ausdrückt: ist mir ziemlich gleichgiltig)*.

CHRISTINE.

Mizi ... Tu mir was zulieb.

MIZI.

Sei doch nicht gar so aufgeregt – also was willst denn?

CHRISTINE.

Geh du zum Theodor, es ist ja ganz nah, schaust halt vorüber ... Du fragst bei ihm im Haus, ob er schon da ist, und wenn er nicht da ist, wird man im Haus vielleicht wissen, wann er kommt.

MIZI.

Ich werd doch einem Mann nicht nachlaufen.

CHRISTINE.

Er braucht's ja gar nicht zu erfahren. Vielleicht triffst ihn zufällig. Jetzt ist bald ein Uhr; – jetzt geht er grad zum Speisen –

MIZI.

Warum gehst denn du nicht, dich im Haus vom Fritz erkundigen?

CHRISTINE.

Ich trau mich nicht – Er kann das so nicht leiden ... Und

er ist ja sicher noch nicht da. Aber der Theodor ist vielleicht schon da und weiß, wann der Fritz kommt. Ich
bitt dich, Mizi!

MIZI.

Du bist manchmal so kindisch –

CHRISTINE.

Tu's mir zulieb! Geh hin! Es ist ja doch nichts dabei. –

MIZI.

Na, wenn dir so viel daran liegt, so geh ich ja hin. Aber
nützen wird's nicht viel. Sie sind sicher noch nicht da.

CHRISTINE.

Und du kommst gleich zurück … ja? …

MIZI.

Na ja, soll die Mutter halt mit dem Essen ein bissel warten.

CHRISTINE.

Ich dank dir, Mizi, du bist so gut …

MIZI.

Freilich bin ich gut; – jetzt sei aber du vernünftig … ja?
… also grüß dich Gott –

CHRISTINE.

Ich dank dir! –

(Mizi geht.)

Christine. Später Weiring.

CHRISTINE *(allein. Sie macht Ordnung im Zimmer. Sie legt das
Nähzeug zusammen usw. Dann geht sie zum Fenster und sieht
hinaus. Nach einer Minute kommt Weiring herein, den sie anfangs nicht sieht. Er ist in tiefer Erregung, betrachtet angstvoll
seine Tochter, die am Fenster steht).*

WEIRING.

Sie weiß noch nichts, sie weiß noch nichts … *(Er bleibt
an der Türe stehn und wagt keinen Schritt weiter zu machen).*

CHRISTINE *(wendet sich um, bemerkt ihn, fährt zusammen).*

WEIRING *(versucht zu lächeln. Er tritt weiter ins Zimmer herein).*
  Na, Christin' … *(Als riefe er sie zu sich.)*
CHRISTINE *(auf ihn zu, als wollte sie vor ihm niedersinken).*
WEIRING *(läßt es nicht zu).*
  Also … was glaubst du, Christin'? Wir *(mit einem Ent-schluß)* wir werden's halt vergessen was? –
CHRISTINE *(erhebt den Kopf).*
WEIRING.
  Na ja … ich – und du!
CHRISTINE.
  Vater, hast du mich denn heut früh nicht verstanden? …
WEIRING.
  Ja, was willst denn, Christin'? … Ich muß dir doch sa-gen, was ich drüber denk! Nicht wahr? Na also …
CHRISTINE.
  Vater, was soll das bedeuten?
WEIRING.
  Komm her, mein Kind … hör mir ruhig zu. Schau, ich hab dir ja auch ruhig zugehört, wie du mir's erzählt hast. – Wir müssen ja –
CHRISTINE.
  Ich bitt dich – sprich nicht so zu mir, Vater … wenn du jetzt drüber nachgedacht hast und einsiehst, daß du mir nicht verzeihen kannst, so jag mich davon – aber sprich nicht so …
WEIRING.
  Hör mich nur ruhig an, Christin'! Du kannst ja dann noch immer tun, was du willst … Schau, du bist ja so jung, Christin'. – Hast denn noch nicht gedacht … *(sehr zögernd)* daß das Ganze ein Irrtum sein könnt. –
CHRISTINE.
  Warum sagst du mir das, Vater? – Ich weiß ja, was ich ge-tan hab – und ich verlang ja auch nichts – von dir und von keinem Menschen auf der Welt, wenn's ein Irrtum gewesen ist … Ich hab dir ja gesagt, jag mich davon, aber …

WEIRING *(sie unterbrechend)*.

Wie kannst denn so reden … Wenn's auch ein Irrtum war, ist denn da gleich eine Ursach zum Verzweifeltsein für so ein junges Geschöpf, wie du eins bist? – Denk doch nur, wie schön, wie wunderschön das Leben ist. Denk nur, an wie vielen Dingen man sich freuen kann, wieviel Jugend, wieviel Glück noch vor dir liegt … Schau, ich hab doch nicht mehr viel von der ganzen Welt, und sogar für mich ist das Leben noch schön – und auf so viel Sachen kann ich mich noch freuen. Wie du und ich zusammen sein werden – wie wir uns das Leben einrichten wollen – du und ich … wie du wieder – jetzt, wenn die schöne Zeit kommt, anfangen wirst zu singen, und wie wir dann, wenn die Ferien da sind, aufs Land hinausgehn werden ins Grüne, gleich auf den ganzen Tag – ja – oh, so viel schöne Sachen gibt's … so viel. – Es ist ja unsinnig, gleich alles aufzugeben, weil man sein erstes Glück hingeben muß oder irgend was, das man dafür gehalten hat –

CHRISTINE *(angstvoll)*.

Warum … muß ich's denn hingeben … ?

WEIRING.

War's denn eins? Glaubst denn wirklich, Christin', daß du's deinem Vater erst heut hast sagen müssen? Ich hab's längst gewußt! – und auch daß du mir's sagen wirst, hab ich gewußt. Nein, nie war's ein Glück für dich! … Kenn ich denn d i e Augen nicht? Da wären nicht so oft Tränen drin gewesen, und die Wangen da wären nicht so blaß geworden, wenn du einen lieb gehabt hättest, der's verdient.

CHRISTINE.

Wie kannst du das … Was weißt du … Was hast du erfahren?

WEIRING.

Nichts, gar nichts … aber du hast mir ja selbst erzählt, was er ist … So ein junger Mensch, – was weiß denn der?

– Hat denn der nur eine Ahnung von dem, was ihm so in den Schoß fällt – weiß denn der den Unterschied von echt und unecht – und von deiner ganzen unsinnigen Lieb – hat er denn von der was verstanden?

CHRISTINE *(immer angstvoller)*.

Du hast ihn ... – Du warst bei ihm?

WEIRING.

Aber was fällt dir denn ein! Er ist ja weggefahren, nicht? Aber Christin', ich hab doch noch meinen Verstand, ich hab ja meine Augen im Kopf! Schau, Kind, vergiß drauf! vergiß drauf! Deine Zukunft liegt ja ganz wo anders! Du kannst, du wirst noch so glücklich werden, als du verdienst. Du wirst auch einmal einen Menschen finden, der weiß, was er an dir hat –

CHRISTINE *(ist zur Kommode geeilt ihren Hut zu nehmen)*.

WEIRING.

Was willst du denn? –

CHRISTINE.

Laß mich, ich will fort ...

WEIRING.

Wohin willst du?

CHRISTINE.

Zu ihm ... zu ihm ...   *(Sehr rasch.)*

WEIRING.

Aber was fällt dir denn ein ...

CHRISTINE.

Du verschweigst mir irgend was – laß mich hin –

WEIRING *(sie fest zurückhaltend)*.

So komm doch zur Besinnung, Kind. Er ist ja gar nicht da ... Er ist ja vielleicht auf sehr lange fortgereist ... Bleib doch bei mir, was willst du dort ... Morgen oder am Abend schon geh ich mit dir hin. So kannst du ja nicht auf die Straße ... weißt du denn, wie du ausschaust ...

CHRISTINE.

Du willst – mit mir hingehn – ?

WEIRING.

Ich versprech dir's. – Nur jetzt bleib schön da, setz dich
nieder, und komm wieder zu dir. Man muß ja beinah lachen, wenn man dich so anschaut, ... für nichts und wieder nichts. – Hältst du's denn bei deinem Vater gar nimmer aus?

CHRISTINE.

Was weißt du?

WEIRING *(immer ratloser)*.

Was soll ich denn wissen ... ich weiß, daß ich dich lieb
hab, daß du mein einziges Kind bist, daß du bei mir bleiben sollst, – daß du immer bei mir hättest bleiben
sollen. –

CHRISTINE.

Genug – – – laß mich – *(Sie reißt sich von ihm los, macht
die Tür auf, in der Mizi erscheint.)*

Weiring. Christine. Mizi. Dann Theodor.

MIZI *(schreit leise auf, wie Christine ihr entgegenstürzt)*.

Was erschreckst mich denn so ...

CHRISTINE *(weicht zurück, wie sie Theodor sieht)*.

THEODOR *(in der Tür stehen bleibend, er ist schwarz gekleidet)*.

CHRISTINE.

Was ... was ist denn ... *(Sie erhält keine Antwort; sie sieht
Theodor ins Gesicht, der ihren Blick vermeiden will.)* Wo ist
er, wo ist er? ... *(In höchster Angst – sie erhält keine Antwort, sieht die verlegenen und traurigen Gesichter.)* Wo ist
er? (Zu Theodor.) So sprechen Sie doch!

THEODOR *(versucht zu reden)*.

CHRISTINE *(sieht ihn groß an, sieht um sich, begreift den Ausdruck der Mienen und stößt, nachdem in ihrem Gesicht sich
das allmälige Verstehen der Wahrheit kundgegeben, einen
furchtbaren Schrei aus)*. ... Theodor! ... Er ist ...

THEODOR *(nickt)*.

CHRISTINE *(sie greift sich an die Stirn, sie begreift es nicht, sie geht auf Theodor zu, nimmt ihn beim Arm – wie wahnsinnig).*
... Er ist ... tot ... ? ... *(Als frage sie sich selbst.)*

WEIRING.
Mein Kind –

CHRISTINE *(wehrt ihn ab).*
So sprechen Sie doch, Theodor!

THEODOR.
Sie wissen alles.

CHRISTINE.
Ich weiß nichts ... Ich weiß nicht, was geschehen ist ... glauben Sie ... ich kann jetzt nicht alles hören ... Wie ist das gekommen ... Vater ... Theodor ... *(Zu Mizi.)* Du weißt's auch ...

THEODOR.
Ein unglücklicher Zufall. –

CHRISTINE.
Was, was?

THEODOR.
Er ist gefallen.

CHRISTINE.
Was heißt das: Er ist ...

THEODOR.
Er ist im Duell gefallen.

CHRISTINE *(Aufschrei).*
Ah! ... *(Sie droht umzusinken, Weiring hält sie auf, gibt dem Theodor ein Zeichen, er möge jetzt gehen.)*

CHRISTINE *(merkt es, faßt Theodor).*
Bleiben Sie ... Alles muß ich wissen. Meinen Sie, Sie dürfen mir jetzt noch etwas verschweigen ...

THEODOR.
Was wollen Sie weiter wissen? ...

CHRISTINE.
Warum – warum hat er sich duelliert?

THEODOR.
Ich kenne den Grund nicht.

CHRISTINE.

Mit wem, mit wem – ? Wer ihn umgebracht hat, das werden Sie ja doch wohl wissen ... Nun, nun –.

THEODOR.

Niemand, den Sie kennen ...

CHRISTINE.

Wer, wer?

MIZI.

Christin'!

CHRISTINE.

Wer? Sag du mir's *(Zu Mizi.)* ... Du, Vater ... *(Keine Antwort.)* ... *(Sie will fort. Weiring hält sie zurück.)* Ich werde doch erfahren dürfen, wer ihn umgebracht hat, und wofür – !

THEODOR.

Es war ... ein nichtiger Grund ...

CHRISTINE.

Sie sagen nicht die Wahrheit ... Warum, warum ...

THEODOR.

Liebe Christine ...

CHRISTINE *(als wollte sie unterbrechen, geht sie auf ihn zu – spricht anfangs nicht, sieht ihn an und schreit dann plötzlich).*
Wegen einer Frau?

THEODOR.

Nein –

CHRISTINE.

Ja – für eine Frau ... *(Zu Mizi gewendet.)* Für d i e s e Frau – Für diese Frau, die er g e l i e b t hat – Und ihr Mann – ja, ja, ihr Mann hat ihn umgebracht ... Und ich ... was bin denn ich? was bin denn ich ihm gewesen ... ? Theodor ... haben Sie denn gar nichts für mich ... hat er nichts niedergeschrieben ... ? Hat er Ihnen kein Wort für mich gesagt ... haben Sie nichts gefunden ... einen Brief ... einen Zettel –

THEODOR *(schüttelt den Kopf).*

CHRISTINE.

Und an dem Abend ... wo er da war, wo Sie ihn da abge-
holt haben ... da hat er's schon gewußt, da hat er gewußt,
daß er mich vielleicht nie mehr ... Und er ist von da
weggegangen, um sich für eine andere umbringen zu lassen – Nein, nein – es ist ja nicht möglich ... hat er denn
nicht gewußt, was er für mich ist ... hat er ...

THEODOR.

Er hat es gewußt. – Am letzten Morgen, wie wir hinaus-
gefahren sind ... hat er auch von Ihnen gesprochen.

CHRISTINE.

Auch von mir hat er gesprochen! Auch von mir! Und
von was denn noch? Von wie viel andern Leuten, von
wie viel anderen Sachen, die ihm grad so viel gewesen
sind wie ich? – Von mir auch! O Gott! ... Und von seinem Vater und von seiner Mutter und von seinen Freun-
den und von seinem Zimmer und vom Frühling und von
der Stadt und von allem, von allem, was so mit dazu gehört hat zu seinem Leben und was er grad so hat verlassen müssen wie mich; ... von allem hat er mit Ihnen gesprochen ... und auch von mir, ...

THEODOR (bewegt).

Er hat Sie gewiß lieb gehabt.

CHRISTINE.

Lieb! – Er? – Ich bin ihm nichts gewesen als ein Zeitver-
treib – und für eine andere ist er gestorben – ! Und ich –
hab ihn angebetet! – Hat er denn das nicht gewußt? ...
Daß ich ihm alles gegeben hab, was ich ihm hab geben
können, daß ich für ihn gestorben wär – daß er mein
Herrgott gewesen ist und meine Seligkeit – hat er das gar
nicht bemerkt? Er hat von mir fortgehn können, mit einem Lächeln, fortgehn aus dem Zimmer und sich für
eine andere niederschießen lassen ... Vater, Vater, – verstehst du das?

WEIRING.

Christin'! (Bei ihr.)

THEODOR *(zu Mizi)*.

Schau Kind, das hättest du mir ersparen können ...

MIZI *(sieht ihn bös an)*.

THEODOR.

Ich hab genug Aufregungen gehabt ... diese letzten Tage ...

CHRISTINE *(mit plötzlichem Entschluß)*.

Theodor, führen Sie mich hin ... ich will ihn sehn – noch einmal will ich ihn s e h n – das Gesicht – Theodor führen Sie mich hin.

THEODOR *(wehrt ab, zögernd)*.

Nein ...

CHRISTINE.

Warum denn nein? – Das können Sie mir doch nicht verweigern? – Sehn werd ich ihn doch noch einmal dürfen –?

THEODOR.

Es ist zu spät.

CHRISTINE.

Zu spät? – Seine Leiche zu sehn ... ist es zu spät? Ja ... ja – *(Sie begreift nicht.)*

THEODOR.

Heut früh hat man ihn begraben.

CHRISTINE *(mit dem höchsten Ausdrucke des Entsetzens)*.

Begraben ... Und ich hab's nicht gewußt? Erschossen haben sie ihn ... und in den Sarg haben sie ihn gelegt und hinausgetragen haben sie ihn und in die Erde haben sie ihn eingegraben – und ich hab ihn nicht noch einmal sehen dürfen? – Zwei Tage lang ist er tot – und Sie sind nicht gekommen und haben mir's gesagt – ?

THEODOR *(sehr bewegt)*.

Ich hab in diesen zwei Tagen ... Sie können nicht ahnen, was alles in diesen zwei Tagen ... Bedenken Sie, daß ich auch die Verpflichtung hatte, seine Eltern zu benachrichtigen – ich mußte an sehr viel denken – und dazu noch meine Gemütsstimmung ...

CHRISTINE.

Ihre ...

THEODOR.

Auch hat das ... es hat in aller Stille stattgefunden ...
Nur die allernächsten Verwandten und Freunde ...

CHRISTINE.

Nur die nächsten – ! Und ich – ? ... Was bin denn
ich? ...

MIZI.

Das hätten die dort auch gefragt.

CHRISTINE.

Was bin denn ich – ? Weniger als alle Andern – ? Weniger
als seine Verwandte, weniger als ... Sie?

WEIRING.

Mein Kind, mein Kind. Zu mir komm, zu mir ... *(Er um-
fängt sie. Zu Theodor.)* Gehen Sie ... lassen Sie mich mit
ihr allein!

THEODOR.

Ich bin sehr ... *(Mit Tränen in der Stimme.)* Ich hab das
nicht geahnt ...

CHRISTINE.

Was nicht geahnt? – Daß ich ihn g e l i e b t habe? –
*(Weiring zieht sie an sich; Theodor sieht vor sich hin. Mizi
steht bei Christine.)*

CHRISTINE *(sich von Weiring losmachend).*

Führen Sie mich zu seinem Grab ...

WEIRING.

Nein, nein –

MIZI.

Geh nicht hin, Christin' –

THEODOR.

Christine ... später ... morgen ... bis Sie ruhiger geworden sind –

CHRISTINE.

Morgen? – Wenn ich ruhiger sein werde?! – Und in einem Monat ganz getröstet, wie? – Und in einem halben

Jahr kann ich wieder lachen, was – ? *(Auflachend.)* Und
wann kommt denn der nächste Liebhaber? ...

WEIRING.

Christin' ...

CHRISTINE.

Bleiben Sie nur ... ich find den Weg auch allein ...

WEIRING.

Geh nicht.

MIZI.

Geh nicht.

CHRISTINE.

Es ist sogar besser ... wenn ich ... Laßt mich, laßt mich.

WEIRING.

Christin', bleib ...

MIZI.

Geh nicht hin! – Vielleicht findest du grad die Andere
dort – beten.

CHRISTINE *(vor sich hin, starren Blickes)*.

Ich will dort nicht beten ... nein ... *(Sie stürzt ab ... die
Anderen anfangs sprachlos.)*

WEIRING.

Eilen Sie ihr nach.

(Theodor und Mizi ihr nach.)

WEIRING.

Ich kann nicht, ich kann nicht ... *(Er geht mühsam von
der Tür bis zum Fenster.)* Was will sie ... was will sie ...
(Er sieht durchs Fenster ins Leere.) Sie kommt nicht wieder
– sie kommt nicht wieder! – *(Er sinkt laut schluchzend zu
Boden.)*

Vorhang

Ende

Anhang

Editorische Notiz

Der Text der vorliegenden Ausgabe folgt der Erstausgabe:

Arthur Schnitzler: Liebelei. Schauspiel in drei Akten. Berlin: S. Fischer, 1896.

Die Orthographie wurde bei Wahrung des Lautstandes behutsam modernisiert; die Modernisierung besorgte der Verlag. Die Interpunktion folgt der Druckvorlage.

Folgende Druckversehen wurden verbessert:

15,14	Christin'] Christin,
	Theater] Theater,
35,6	FRITZ. Es] FRITZ. Er
39,5	Trottoir] Trittoir
52,24	Schlager-Mizi] Schlager Mizi
56,11	Glück.] Glück
87,4	daß] das
89,33	sind] sinn

Anmerkungen

Personenverzeichnis

6,2 *Violinspieler am Josefstädter Theater:* Im Gegensatz zu dem in erster Linie vom gehobenen Bürgertum und Adel besuchten Burgtheater war das 1788 gegründete Theater in der Josefstadt im VIII. Bezirk ein Volkstheater. Für die hier aufgeführten Operetten, »Possen mit Gesang« u. ä. von Raimund, Nestroy, Johann Strauß u. a., war ein ständiges Orchester engagiert.

Erster Akt

8,12 *auf Kukuruzfeldern:* (österr.) auf Maisfeldern.

8,22 *Rigorosum:* (lat.-mlat.) mündliche Doktorprüfung.

14,31 *Kredenz:* (lat.-mlat.-ital.) Anrichte, Anrichteschrank.

15,14 f. *Sie fährt dann mit der Tramway her:* Das Verkehrsmittel signalisiert hier auch eine soziale Differenz: Anders als die offenbar mit der Droschke fahrenden jungen Herren (vgl. den Beginn des 1. Akts) benutzt Christine das öffentliche Transportmittel der Pferdebahn, um die rund zwei Kilometer zwischen der Josefstädter Straße und der an der Strohgasse gelegenen Wohnung von Fritz zu bewältigen.

16,14 *Das Fenster da geht in die Strohgasse:* Damit wird deutlich, daß sich die Wohnung von Fritz in einer vornehmen Gegend im III. Bezirk unweit von Orangerie und Belvederegarten befindet.

17,6 f. *Dragoner! – Sind Sie bei den gelben oder bei den schwarzen?:* (frz.; zu griech.-lat. *draco* ›Drache‹) leichte Reiterei in der Kavallerie; die Regimenter waren durch die Farbe der Uniformaufschläge voneinander unterschieden.

17,32 f. *Da mußt du dir nächstens ... die Uniform anziehn:* Reserveoffiziere waren berechtigt, Uniform zu tragen.

19,28 *Schematismus:* Heeresschematismus; jährlich erscheinendes Handbuch der k. u. k- Armee.

21,18 *Trumeau:* (frz.) Wandspiegel an einem Pfeiler zwischen zwei Fenstern.

22,28 *bei der Linie:* beim Linienwall; äußerste Befestigungsanlage Wiens, seit Beginn des 19. Jahrhunderts eingeebnet und bis in die neunziger Jahre hinein mit einem Bebauungsverbot belegt.

24,34 *Orpheum:* Danzer's Orpheum, 1868 gegründete Varietébühne in der Wasagasse im IX. Bezirk.

33,4f. *und jetzt à place!:* (frz., wörtl. ›an den Platz‹) und jetzt zu Tisch.

34,2 *Spielen S' den Doppeladler:* »Unter dem Doppeladler«, populärer Marsch von Josef Franz Wagner (1856–1908), der zum offiziellen Regimentsmarsch des österreichischen Ersten Artillerie-Regiments Nr. 2 wurde.

40,37 *proponieren:* (frz.) vorschlagen.

Zweiter Akt

50,15 *Lehnergarten:* auf der Linie (s. Anm. zu 22,28) in Rudolfsheim im XV. Bezirk, vermutlich an der Stelle, an der später der Westbahnhof gebaut wurde.

66,2 *Kahlenberg:* Erhebung des Wiener Waldes im XIX. Bezirk.

67,23 *Das Buch für Alle:* populäres illustriertes Jahrbuch.

67,30 *Schubert:* Die Bedeutung des zu Lebzeiten wenig erfolgreichen Wiener Komponisten Franz Schubert (1797–1828) für das Selbstverständnis des liberalen Bürgertums zeigt sich auch in der Tatsache, daß Schubert der erste Künstler war, dem in Wien ein Denkmal in einem öffentlichen Park gesetzt wurde.

Literaturhinweise

Erstdruck und weitere Ausgaben

Liebelei. Schauspiel in drei Akten. Berlin: S. Fischer, 1896 [u. ö.; 27 Auflagen bis 1933].

Liebelei, Erstes Bild. In: Richard Specht (Hrsg.): Widmungen zur Feier des siebzigsten Geburtstages Ferdinand von Saars. Wien: Wiener Verlag, 1903. S. 175–196. [Wiederabdr. u. d. T.: Liebelei. Erstes Bild der unbekannten Urfassung des Schauspiels. In: Wiener Tag. 25. Dezember 1931.]

Liebelei. Oper in drei Akten. Von Frantisek Neumann. Text nach dem gleichnamigen Schauspiel von Arthur Schnitzler. Berlin: S. Fischer; Mainz: B. Schott, 1910. [Text bearbeitet und gekürzt.]

Liebelei. Schauspiel in drei Akten. In: Arthur Schnitzler: Die Theaterstücke. 4 Bde. (Gesammelte Werke in zwei Abteilungen: Zweite Abteilung.) Berlin: S. Fischer, 1912 [weitere Ausgaben 1922 und 1928]. Bd. 1. S. 205–267.

Das arme Mädel. In: Der Merker 3, H. 9, 1. Mai 1912. [Faksimile der ersten – undatierten – Werkskizze aus der Zeit vor dem 3. September 1893; Wiederabdr. u. a. in: Reinhard Urbach: Schnitzler-Kommentar zu den erzählenden Schriften und dramatischen Werken. München 1974. S. 149.]

Liebelei. Schauspiel in drei Akten. In: Arthur Schnitzler: Meisterdramen. Frankfurt a. M.: S. Fischer, 1955. S. 85–134.

Reigen. Zehn Dialoge. – Liebelei. Schauspiel in drei Akten. Mit einem Vorw. von Günther Rühle und einem Nachw. von Richard Alewyn. Frankfurt a. M.: Fischer Taschenbuch Verlag, 1960 [u. ö.].

Liebelei. Schauspiel in drei Akten. In: Arthur Schnitzler: Die Dramatischen Werke. 2 Bde. Frankfurt a. M.: S. Fischer, 1962. Bd. 1. S. 215–264.

Liebelei. Schauspiel in drei Akten. In: Arthur Schnitzler: Das dramatische Werk. In chronologischer Ordnung. Frankfurt a. M.: Fischer Taschenbuch Verlag, 1994. Bd. 2. S. 121–181. [Nach den ersten Buchausgaben durchgesehene Ausgabe.]

Forschungsliteratur

Amy de La Bretèque, François: *Liebelei* de Max Ophüls (1932). In: Cahiers d'Études Germaniques (1993) H. 24. S. 121–127.

Alewyn, Richard: Zweimal Liebe: Schnitzlers *Liebelei* und *Reigen*. In: R. A.: Probleme und Gestalten. Essays. Frankfurt a. M. 1974. S. 299–304.

Attolini, Vito: Arthur Schnitzler im Filmschaffen von Max Ophüls. In: Akten des Internationalen Symposiums »Arthur Schnitzler und seine Zeit«. Hrsg. von Giuseppe Farese. Frankfurt a. M. / Bern [u. a.] 1985. S. 137–152.

Doppler, Alfred: Mann und Frau im Wien der Jahrhundertwende. Die Darstellungsperspektive in den Dramen und Erzählungen A. Schnitzlers. In: A. D.: Geschichte im Spiegel der Literatur. Aufsätze zur österreichischen Literatur des 19. und 20. Jahrhunderts. Innsbruck 1990. S. 95–100.

Erhart, Claus: Remarques sur le problème de l'identité dans *Peer Gynt* de Henrik Ibsen et *Liebelei* d'Arthur Schnitzler. In: Cahiers d'Études Germaniques (1997) H. 32. S. 39–51.

Farese, Giuseppe: Arthur Schnitzler. Ein Leben in Wien 1862–1931. Aus dem Ital. von Karin Krieger. München 1999. [Zu *Liebelei* S. 60–68 und passim.]

Fritz, Axel: Vor den Vätern sterben die Töchter. Schnitzlers *Liebelei* und die Tradition des bürgerlichen Trauerspiels. In: Text und Kontext 10 (1982) S. 303–318.

Fritz, Horst: Arthur Schnitzlers Dramen und der Film. In: Drama und Theater der Jahrhundertwende. Hrsg. von Dieter Kafitz. Tübingen 1991. S. 53–67.

Geißler, Rolf: Bürgerliches Trauerspiel – eine literaturgeschichtliche Perspektive der Subjektivität. In: R. G.: Arbeit am literarischen Kanon. Perspektiven der Bürgerlichkeit. Paderborn [u. a.] 1982. S. 63–92. [Zu *Liebelei* S. 89–92.]

Hammer, Stefanie: Fear and Attraction. *Anatol-* and *Liebelei-*Productions in the United States. In: Modern Austrian Literature 19 (1986) H. 3/4. S. 63–74.

Janz, Rolf-Peter / Laermann, Klaus: Arthur Schnitzler. Zur Diagnose des Wiener Bürgertums im Fin de siècle. Stuttgart 1977. [Zu *Liebelei* S. 27–40, zum *Süßen Mädel* S. 41–54.]

Kammer, Manfred: Das Verhältnis Arthur Schnitzlers zum Film. Aachen 1983.

Koch, Gertrud: Positivierung der Gefühle: Zu den Schnitzler-Verfil-
mungen von Max-Ophüls. In: Arthur Schnitzler in neuer Sicht.
Hrsg. von Hartmut Scheible. München 1981. S. 309–329.

Kuhn, Anna K.: The Romantization of Arthur Schnitzler. Max
Ophül's Adaptations of *Liebelei* und *Reigen*. In: Probleme der
Moderne. Studien zur deutschen Literatur von Nietzsche bis
Brecht. Festschrift für Walter Sokel. Hrsg. von Benjamin Bennett
[u. a.]. Tübingen 1983. S. 83–99.

Lukas, Wolfgang: Das Selbst und das Fremde. Epochale Lebenskri-
sen und ihre Lösung im Werk Arthur Schnitzlers. München 1996.
[Zu *Liebelei* S. 53–63 und passim.]

Mayer, Dieter: Vater und Tochter. Anmerkungen zu einem Motiv
im deutschen Drama der Vorklassik. In: Literatur für Leser 3
(1980) S. 135–147.

Melchinger, Christa: Illusion und Wirklichkeit im dramatischen
Werk Arthur Schnitzlers. Heidelberg 1968. [Zu *Liebelei* S. 40–
66.]

Morse, Margret: Decadence and Social Change. In: Modern Austrian Literature 10 (1977) H. 2. S. 37–52.

Ossar, Michael: Individual and type in Arthur Schnitzler's *Liebelei*.
In: Modern Austrian Literature 30 (1997) H. 2. S. 19–34.

Perlmann, Michaela L.: Arthur Schnitzler. Stuttgart 1987. [Zu *Liebelei* S. 61–65 und S. 74.]

Rieckmann, Jens: Also spielen wir Theater: Einakter, Einakter-
zyklen und Dramen Schnitzlers und Hofmannsthals. In: J. R.:
Aufbruch in die Moderne. Die Anfänge des Jungen Wien. Öster-
reichische Literatur und Kritik im Fin de Siècle. Königstein i. Ts.
1984. S. 145–167.

Rothschild, Thomas: Schnitzler, Stefan Zweig und Max Ophüls.
Aspekte der Literaturverfilmung. In: Wespennest (1994) H. 95.
S. 65–72.

Scheible, Hartmut: Arthur Schnitzler und die Aufklärung. München
1977. [Zu *Liebelei* S. 57–64.]

Stroka, Ana: Die Gesellschaftskritik in Arthur Schnitzlers frühen
Bühnenwerken. In: Germanica Wratisławiensia 11 (1967) S. 41–
56.

Swales, Martin: Arthur Schnitzler. A Critical Study. Oxford 1971.
[Zu *Liebelei* S. 181–200.]

Urbach, Reinhard: Schnitzler-Kommentar zu den erzählenden
Schriften und dramatischen Werken. München 1974. [S. 149–155

u. a. Dokumentation der Entstehungsgeschichte und Rezeption von *Liebelei*.]

Wagner, Renate / Vacha, Brigitte: Wiener Schnitzler-Aufführungen 1891–1970. München 1971. [Zur Uraufführung von *Liebelei* S. 24–27 und S. 114–121.]

Yates, William Edgar: Changing perspectives. The ›doppelte Sexualmoral‹ in 1841 und 1895, *Das Mädl aus der Vorstadt* und *Liebelei*. In: Erbe und Umbruch in der neueren deutschsprachigen Komödie. Londoner Symposium 1987. Hrsg. von Hanne Castein und Alexander Stillmark. Stuttgart 1990. S. 17–31.

Nachwort

»Keiner wirds tadeln, aber auch der enthusiastischeste
Freund wird nicht sagen: Hier ist ein neuer Prophet«. So
ließ Hermann Bahr seinen Kollegen und Altersgenossen
Arthur Schnitzler (1862–1931) nach der Lektüre des Manu-
skripts von *Liebelei* im Oktober 1894 wissen. Schnitzler zi-
tiert die Bemerkung des Wortführers unter den Autoren
des »Jungen Wien« in seinen Aufzeichnungen zur Entstehungsgeschichte von *Liebelei*[1] und notiert unmittelbar an-
schließend lakonisch für denselben Monat die Annahme
seines Stücks durch Max Burckhard, den Direktor des Wiener Burgtheaters: »31. 10. Annahmetelegramm Burckhards
[...]. Glücksgefühl«[2]. Tatsächlich bestätigt sich bald, daß
Hermann Bahr, der in einer Reihe von vielbeachteten
Essays lautstark eine neue Epoche der »Moderne« ausgeru-
fen hatte[3], die Bedeutung von Schnitzlers »Schauspiel in
drei Akten« gründlich verkannte.

Seinem noch jungen Autor bringt das zwischen 1893 und
1894 geschriebene Stück *Liebelei* den Durchbruch als Dra-
matiker. Während das im Dezember 1893 am Wiener Deutschen Volkstheater uraufgeführte *Märchen* durchgefallen
war und schon nach der zweiten Vorstellung wieder abge-
setzt wurde, entwickelt sich *Liebelei* nach den erfolgreichen Premieren am Burgtheater (9. Oktober 1895) und am
Deutschen Theater in Berlin (4. Februar 1896) rasch zu
einem auf zahlreichen internationalen Bühnen gespielten
Zug- und Kassenstück, das schließlich auch für Oper und

---

1 Veröffentlicht in: Reinhard Urbach, *Schnitzler-Kommentar zu den erzählenden Schriften und dramatischen Werken*, München 1974, S. 149 f., hier S. 149.
2 Ebd.
3 Vgl. Hermann Bahr, *Zur Überwindung des Naturalismus. Theoretische
Schriften 1887–1904*, ausgew., eingel. und erl. von Gotthart Wunberg, Stuttgart [u. a.] 1968.

Film bearbeitet wird. Mit *Liebelei* wird Schnitzler weit
über die Grenzen Wiens hinaus bekannt, und nicht zuletzt
der kommerzielle Erfolg dieses Werks trägt wesentlich
dazu bei, daß sich für den aus einer Familie von bedeuten-
den Medizinern stammenden – wie es in seiner Promo-
tionsurkunde von 1885 heißt – »Doktor der gesamten Heil-
kunde« ein Jugendtraum erfüllt und er fortan als freier
Schriftsteller leben kann.[4]

Daß *Liebelei* so umstandslos von den führenden Bühnen
der Epoche angenommen und von den Zuschauern mit
Beifall bedacht wurde, vermag im nachhinein kaum zu er-
staunen. Das Stück, das neben *Anatol, Reigen, Der grüne
Kakadu* und *Das weite Land* immer noch zu Schnitzlers
populärsten Bühnenwerken gehört, erfüllt die Erwartungen
des breiten Publikums an das Theater seiner Zeit und weist
zugleich über diese Zeit hinaus. Auf höchst fruchtbare Weise verbindet es Elemente der unterhaltsamen Konversa-
tionskomödie in der Tradition des Boulevardtheaters[5] mit einer modernen Figuren- und Handlungskonzeption.

»Ort der Handlung: Wien. – Zeit: Die Gegenwart« – so
verkündeten die Plakate, die für die Uraufführung von *Liebelei* am »K. K. Hof-Burgtheater« mit der berühmten Adele Sandrock als Christine Weiring warben.[6] Ganz im Sinne
des Sittenstücks der Jahrhundertwende stellt Schnitzlers
Schauspiel dem Zuschauer keinen mythologischen oder
historischen Stoff, sondern die wohlvertraute und wieder-

---

4 Für eine knappe Skizze der entsprechenden biographischen Hintergründe
  vgl. z. B. Michael Scheffel, »Vita Arthur Schnitzler«, in: *Text + Kritik* IV
  (1998) H. 138/139, S. 138–150.

5 Zu Schnitzlers Verhältnis zum Boulevardtheater seiner Zeit vgl. Wolfgang
  Sabler, »Moderne und Boulevardtheater. Bemerkungen zur Wirkung und
  zum dramatischen Werk Arthur Schnitzlers«, in: ebd., S. 89–101.

6 Abbildung z. B. in: *Adele Sandrock und Arthur Schnitzler. Geschichte einer
  Liebe in Briefen, Bildern und Dokumenten*, zsgest. von Renate Werner,
  Frankfurt a. M. 1983, [S. 209a]. Zur komplizierten Beziehung zwischen der
  gefeierten Schauspielerin Sandrock und dem aufstrebenden jungen Schriftsteller Schnitzler vgl. ebd.

erkennbare Wirklichkeit der Gesellschaft seiner Zeit vor Augen. Dabei läßt Schnitzler sein Publikum insofern in eine besondere Art von Spiegel sehen, als er ihm an einem öffentlichen Ort Innenansichten aus dem bürgerlichen Leben der Gegenwart präsentiert. *Liebelei* entwickelt die zeitgenössische Form des Salontheaters zum Schlüsselloch- und Zimmertheater im konsequenten Sinn. »*Zimmer Fritzens. Elegant und behaglich*«; »*Zimmer Christinens. Bescheiden und nett*«; »*Dasselbe Zimmer wie im vorigen*«. – Die im Text der Bühnenanweisung nur knapp charakterisierten Orte der auf drei Akte verteilten Bühnenhandlung sind private Wohnräume, die nicht zu den öffentlichen Schauplätzen des gesellschaftlichen Lebens zählen und deren schützende Wände sich nur für den Zuschauer im Theater öffnen. Schnitzler nutzt diese intime Kulisse, um das epochentypische Thema von Liebe außerhalb der Ehe, von Untreue und Eifersucht zu variieren und das Verhältnis der Geschlechter im scheinbar harmlosen Plauderton einer Salonkomödie als Tauerspiel zu inszenieren.

Der erste Auftritt von *Liebelei* zeigt zwei junge Herren der sogenannten guten Gesellschaft in einer vertraulichen Situation. In Begleitung seines Freundes Theodor Kaiser kommt Fritz Lobheimer nach Hause in seine Wohnung zurück und öffnet hastig seine Post. Fritz, so offenbart das folgende Gespräch, hat ein Verhältnis mit einer verheirateten Frau und befürchtet, daß ihr gehörnter Ehemann ihm auf die Spur gekommen ist. Außerdem unterhält Fritz noch eine Liaison mit einem jungen Mädchen aus der Vorstadt, das ihn in aller Unschuld liebt, ohne um sein Doppelverhältnis zu wissen. Theodor hat diese Liaison vor wenigen Wochen mit der Unterstützung seiner Geliebten Mizi angebahnt, um Fritz von seinem gefährlichen Abenteuer mit der Dame aus besseren Kreisen abzulenken. Im Blick auf das Verhältnis der Geschlechter vertritt Theodor aber auch im allgemeinen eine andere Position als Fritz. Im Unterschied zu diesem geht Theodor bewußt den Weg des geringsten

Widerstandes und sucht sein Glück nicht in der großen Liebe, sondern in der Liebelei, die er als eine Art zeitlich begrenzte Gemeinschaft mit beschränkter Haftung betrachtet. »Die Weiber«, so erklärt er seinem Freund Fritz, »haben nicht interessant zu sein, sondern angenehm. Du mußt dein Glück suchen, wo ich es bisher gesucht und gefunden habe, dort, wo es keine großen Szenen, keine Gefahren, keine tragischen Verwicklungen gibt, wo der Beginn keine besonderen Schwierigkeiten und das Ende keine Qualen hat, wo man lächelnd den ersten Kuß empfängt und mit s e h r sanfter Rührung scheidet.«

Innerhalb der in Fragen der öffentlichen Moral – wie Fritzens Angst vor einer Duellforderung durch den von ihm betrogenen Ehegatten beweist – alles andere als offenen bürgerlichen Gesellschaft der Jahrhundertwende bedingt das von Theodor skizzierte Prinzip der Liebelei allerdings einen sozialen Unterschied zwischen den beteiligten Geschlechtern. So formuliert Theodor denn auch eine Art »Ständeklausel«[7] als Voraussetzung für die Erfüllung eines temporären Glücks: »Große Szenen«, »Gefahren« und »tragische Verwicklungen« ordnet er den »sogenannten interessanten Weibern« und dem Verhältnis zwischen »jungem Herrn« und verheirateter Dame in der guten Gesellschaft zu; »Erholung«, »sanfte Rührung« und »Zärtlichkeit ohne Pathos« sind dagegen in den Armen eines Vorstadtmädchens zu finden, das sich ebenso leicht erobern wie verlassen läßt.

Die Handlung des von Schnitzler bezeichnenderweise unter dem Arbeitstitel *Das arme Mädel* konzipierten Stücks konterkariert das einfache Modell, das Theodor entwirft. Mit Fritzens Geliebter Christine, der »schönsten Freundin« der »Schlager-Mizi« aus der Vorstadt, betritt eine junge Frau die Bühne, die sich konsequent der ihr zu-

---

7 Vgl. dazu und im folgenden Rolf-Peter Janz, »*Liebelei*«, in: R.-P. J. / Klaus Laermann, *Arthur Schnitzler: Zur Diagnose des Wiener Bürgertums im Fin de siècle*, Stuttgart 1977, S. 27–40, hier S. 28.

gedachten Rolle als »süßes Mädel«[8] verweigert. Nicht die
vornehme »Dame in Schwarz«, sondern Christine wird zur
tragischen Figur, die in den Mittelpunkt von »großen Szenen« und ernsthaften »Verwicklungen« rückt. Um dieser
Entwicklung den Weg zu bereiten, wechselt die Kulisse,
und ab dem zweiten Akt sehen wir Christine und Mizi in
ihrem angestammten Milieu. An die Stelle des »Zimmer
Fritzens« im vornehmen III. Wiener Bezirk unweit des Bel-
vederegartens tritt nun das in einem kleinbürgerlichen Vier-
tel jenseits der Linie gelegene »Zimmer Christinens« als Ort
des Geschehens. Daß sich mit diesem räumlichen Wechsel
von einer »eleganten« in eine »bescheidene« Umgebung
auch der Blick auf das Verhältnis von Fritz und Christine
grundlegend wandelt, verdeutlicht bereits die Eingangssze-
ne des zweiten Akts, die Christine im Gespräch mit ihrer
Nachbarin Katharina Binder zeigt. Aus dramaturgischer
Sicht ist sie das Gegenstück zum Auftritt der beiden jungen
Herren im ersten Akt. Denn während Fritz und Theodor
ihre Mesalliance auf Zeit mit Christine und Mizi im unver-
bindlichen Konversationsstil der Salonkomödie behandeln,
erscheint Christines Verhältnis zu Fritz im Dialog der beiden Frauen in einem nüchternen Licht und frei von jedem
spielerischen Element. Während Christine ihre Liebschaft
vor niemandem verbergen und sich um das Gerede der
Leute nicht kümmern will, weist Katharina ihre junge
Nachbarin darauf hin, daß ihr Verhalten »ein anständiges
junges Mädel« kompromittiert und ihre Aussichten auf ma-
terielle Absicherung durch die Heirat mit einem »honetten
jungen Menschen« wie dem »fix angestellten« Franz ge-
fährdet. Mit diesen Argumenten führt die um Christines
Ruf besorgte, als engstirnig aber durchaus gutwillig konzi-
pierte Katharina[9] ein Thema in Schnitzlers Schauspiel ein,

8 Zum Typus des »süßen Mädels« und seinem kulturgeschichtlichen Hintergrund vgl. z. B. ebd., S. 41–54.
9 Eine Bühnenanweisung verlangt denn auch, daß Katharina »Nicht zu boshaft
   im Ton« spricht.

das nicht mehr an eine Komödie, sondern an das ernsthafte Genre des bürgerlichen Trauerspiels erinnert.[10]

Die Gefährdung des guten Rufs einer noch unberührten bürgerlichen Tochter als Folge ihres allzu intimen Umgangs mit einem sozial höhergestellten, in der Regel adligen Mann, der das Mädchen verführen, aber nicht heiraten will, gehört zu den klassischen Handlungselementen des bürgerlichen Trauerspiels seit Lessings *Miß Sarah Sampson* (1755) und *Emilia Galotti* (1772). Schnitzler greift diese Tradition auf und inszeniert das Motiv der verführten Tochter in einer modernen Variante. Seine Christine hat die bürgerlichen Tugenden Anstand, Bescheidenheit und Liebe zur Häuslichkeit, die Schillers Luise Miller auszeichnen. Und wie die Tochter des Musikus Miller verschmäht auch Schnitzlers Tochter eines Violinisten am Theater in der Josefstadt die Aussicht auf die Versorgungsehe mit einem Mann aus ihren Kreisen, weil sie an die ernsthafte Liebe ihres aus einem anderen Milieu stammenden Geliebten glaubt. Im Vergleich zu *Kabale und Liebe* (1784) oder auch schon *Emilia Galotti* zeigt *Liebelei* die bürgerliche Tochter jedoch in einer veränderten Konstellation. Denn bei Lessing und Schiller oder auch noch in Friedrich Hebbels *Maria Magdalena* (1846) ist es in erster Linie der Vater des Mädchens, der als das Oberhaupt der Familie die Einhaltung der bürgerlichen Moral mit allen ihm zur Verfügung stehenden Mitteln zu sichern versucht. Schnitzler definiert die Rolle des Vaters dagegen grundlegend neu und läßt das Prinzip der sozialen Realität nur von einer im Hinblick auf mögliche Sanktionen *per definitionem* nicht handlungsmächtigen, weil nicht zur Familie gehörenden Nebenfigur vertreten.

10 Zu den Bezügen im einzelnen vgl. Janz (s. Anm. 7), S. 34–40 ; Axel Fritz, »Vor den Vätern sterben die Töchter. Schnitzlers *Liebelei* und die Tradition des bürgerlichen Trauerspiels«, in: *Text und Kontext* 10 (1982) S. 303–318; Rolf Geißler, »Bürgerliches Trauerspiel – eine literaturgeschichtliche Perspektive der Subjektivität«, in: R. G., *Arbeit am literarischen Kanon. Perspektiven der Bürgerlichkeit*, Paderborn [u. a.] 1982. S. 63–92.

Christines Vater, Hans Weiring, betritt die Szene mit einem Fliederzweig in der Hand, den er – was Katharina Binder entsprechend kritisch kommentiert – verbotenerweise in einem öffentlichen Garten gepflückt hat, um ihn seiner Tochter zu schenken. Bereits diese Art der Einführung weist auf einen Charakter hin, der nicht dem der herkömmlichen Vaterfigur im bürgerlichen Trauerspiel entspricht. Im Gegensatz zu einem autoritären und autoritätsgläubigen Vater wie dem Musikus Miller oder gar Hebbels Meister Anton erscheint Hans Weiring als ein unabhängiger und liberaler Mann, der sich selbst als nicht unfehlbar betrachtet und der aus den Fehlern seiner Generation für den Umgang mit der nächsten zu lernen versucht. Angesichts des Bildes seiner als ein freudloses altes Fräulein gestorbenen Schwester, die er nicht nur vor allen »Gefahren«, sondern auch vor allem »Glück« behütet zu haben glaubt, vertritt Weiring in Fragen der Moral eine ungewöhnlich tolerante Position. Das traditionelle, nach Katharina Binders Verständnis schnellstmöglich anzustrebende Ziel einer Versorgungsehe scheint ihm wenig attraktiv: »ist denn so ein blühendes Geschöpf«, sagt er zu Frau Binder, »wirklich zu nichts anderem da, als für so einen anständigen Menschen, der zufällig eine fixe Anstellung hat?« Weiring wünscht sich für seine Tochter die Erfüllung eines echten, wenn auch vergänglichen Glücks jenseits der Regeln des bürgerlichen Anstands und des Prinzips der materiellen Absicherung. Denn, so verteidigt er in *»sehr einfach[em], nicht pathetisch[en]«* Ton das Ideal der natürlichen Liebe im Sinne des gelebten Augenblicks: »was bleibt denn übrig – wenn sie – nicht einmal was zum Erinnern hat – ? Wenn das ganze Leben nur so vorbei gegangen ist, [...] ein Tag wie der andere, ohne Glück und ohne Liebe [...]?«

Wieso aber wird auch ein scheinbar so verständiger, bewußt unkonventionell argumentierender Mann von seiner Tochter verlassen, so daß am Ende wie in einem herkömmlichen bürgerlichen Trauerspiel ein »schluchzender« Vater

auf der Bühne steht? Berücksichtigt man die radikale Neu-
besetzung der Vaterrolle, so scheint es jedenfalls zu kurz
gegriffen, *Liebelei* schlicht als eine Fortschreibung von *Kabale und Liebe* im Geiste des Naturalismus zu lesen, die –
wie z.B. Rudolf Franz noch zu Lebzeiten Schnitzlers in
einem Theaterführer für Arbeiter formulierte – auf die
»Anklage gegen die feudale Gesellschaft des achtzehnten
Jahrhunderts« nunmehr »eine Anklage gegen die bürgerliche Gesellschaftsordnung der Gegenwart«[11] folgen läßt.
Eine allzu restriktive soziale Ordnung der Gesellschaft und
die »gesetzlich geheiligten Sitten der bürgerlichen Klasse«[12]
sind für Christines Abgang ohne Hoffnung auf ein Wieder-
sehen eine notwendige Voraussetzung, aber noch kein hin-
reichender Grund. Abgesehen davon, daß keine väterliche
Autorität sie ernsthaft behindert, sind Christine und Fritz
keine im Geiste gleichwertigen Partner wie Schillers Luise
und Ferdinand, die dem Ideal der ewigen Liebe jenseits aller Standesgrenzen und sozialen Rücksichten treu ergeben
sind und sich auf Erden nur infolge der Ränkespiele einer
korrupten Gesellschaft verlieren. Und anders als die im
Hinblick auf ihr soziales Herkommen vergleichbaren Lie-
bespaare in *Irrungen, Wirrungen* (1887) und *Stine* (1890)
von Theodor Fontane[13], sind Christine und Fritz nicht einmal seelische Wahlverwandte, die in einer freieren Gesellschaft über alle Unterschiede des Milieus hinweg an Stelle

---

11 Vgl. Rudolf Franz, *Kritiken und Gedanken über das Drama. Eine Einführung in das Theater der Gegenwart*, München 1915, S. 126–129, in Auszü-
gen wiederabgedruckt in: Urbach (s. Anm. 1), S. 152 f., hier S. 153.
12 Vgl. ebd.
13 Seinen Tagebuchaufzeichnungen zufolge hat Schnitzler *Stine* im Mai 1892
gelesen. Zu Schnitzlers interessantem, aber bislang wenig beachteten Verhältnis zu Fontane grundlegend vgl. Hubert Ohl, »Zeitgenossenschaft. Arthur Schnitzler und Theodor Fontane«, in: *Jahrbuch des Freien Deutschen
Hochstifts* 1991, S. 262–307; vgl. zuletzt auch Michael Scheffel, » ›Der Weg
ins Freie‹. Figuren der Moderne bei Theodor Fontane und Arthur Schnitzler«, in: *Fontane am Ende des Jahrhunderts*, hrsg. von Hanna Delf
von Wolzogen in Zsarb. mit Helmuth Nürnberger, Würzburg 2000, Bd. 3,
S. 253–265.

einer Mesalliance auf Zeit durchaus ein dauerhafteres Glück hätten finden können.

Im Unterschied zu *Kabale und Liebe*, aber auch zu Fontanes beiden Berliner Gesellschaftsromanen zeigt Schnitzlers Stück ein Paar, dessen Beziehung eben nicht nur aus sozialen Gründen auf ungleichen Voraussetzungen beruht: Während Christine als eine ernsthafte junge Frau erscheint, die ihren ersten und einzigen Liebhaber vorbehaltlos liebt und als ihren »Herrgott« und ihre »Seligkeit« betrachtet, ist der in Liebesdingen erfahrene, überdies noch in ein Doppelverhältnis verstrickte Fritz als ein sentimentaler und doch leichtlebiger Charakter konzipiert, der allein der Empfindung des Augenblicks vertraut. »Du weißt ja doch nur eins, wie ich – daß ich dich in d i e s e m Augenblicke liebst …«, sagt er zu Christine, als er sie zum ersten und letzten Mal in ihrem Zimmer besucht, »Sprich nicht von Ewigkeit. [...] Es gibt ja vielleicht Augenblicke, die einen Duft von Ewigkeit um sich sprühen. – … Das ist die einzige, die wir verstehen können, die einzige, die uns gehört …«

Die Skepsis gegenüber aller Kontinuität und Dauer, die Fritz hier formuliert, entspricht dem Geist der Jahrhundertwendezeit. Sie folgt dem neuen Credo der vom Erkenntnisskeptizismus Friedrich Nietzsches und dem Empiriokritizismus des Physikers Ernst Mach geprägten Autoren des »Jungen Wien«, für die das Subjekt keine kohärente Einheit, sondern vielmehr eine Art fließenden »Komplex« von sich stets wandelnden Empfindungen und Bewußtseinsinhalten darstellt.[14] In dem stimmungsabhängigen

---

14 Grundsätzlich dazu Manfred Diersch, *Empiriokritizismus und Impressionismus. Über Beziehungen zwischen Philosophie, Ästhetik und Literatur um 1900 in Wien*, Berlin 1973. Eine leicht zugängliche Auswahl der entsprechenden programmatischen Texte findet sich bei Gotthart Wunberg (Hrsg.), *Die Wiener Moderne. Literatur, Kunst und Musik zwischen 1890 und 1910*, Stuttgart 2000; für eine präzise Rekonstruktion von Schnitzlers psychologischem Konzept, das durchaus eigenständig ist und sich in mancher Hinsicht auch grundlegend von dem Ansatz der Freudschen Psychoanalyse unterscheidet, vgl. Horst Thomé, *Autonomes Ich und ›Inneres Ausland‹*.

Fritz Lobheimer entwirft Schnitzler insofern – wie schon in seiner Figur Anatol oder später in Georg von Wergenthin, dem Protagonisten seines großen Zeitromans *Der Weg ins Freie* (1908)[15] – einen epochentypischen Charakter und führt am Beispiel seines Verhältnisses mit Christine die Konsequenzen für das Verhältnis der Geschlechter vor, die sich notwendig mit einem solchen Typus verbinden. Vor diesem Hintergrund gesehen, ist *Liebelei* eben nicht die Fortschreibung von *Kabale und Liebe*, sondern eine moderne Kontrafaktur, ein Gegenentwurf[16], in dem das romantisch-empfindsame Liebesideal, dessen Gültigkeit Schillers Schauspiel so umstandslos voraussetzt, kompromißlos verabschiedet wird.

»Dein Beispiel bekehrt mich – Du sollst meine Lehrerin sein. Toren sind's, die von ewiger Liebe schwatzen, ewiges Einerlei widersteht, Veränderung nur ist das Salz des Vergnügens – Topp Luise! Ich bin dabei – Wir hüpfen von Roman zu Romane, wälzen uns von Schlamme zu Schlamm – du dahin – ich dorthin – Vielleicht, dass meine verlorene Ruhe sich in einem Bordell wiederfinden lässt«.[17] – So spottet der bitter enttäuschte Ferdinand, kurz bevor er Luise und sich selbst vergiftet, weil er fälschlicherweise an den treulosen Verrat seiner Geliebten glaubt. Was für Schillers

Studien über Realismus, Tiefenpsychologie und Psychiatrie in deutschen Erzähltexten (1848–1914), Tübingen 1993, S. 598–645.

15 In dem Verhältnis des Aristokraten Georg von Wergenthin zu der aus kleinbürgerlichen Verhältnissen stammenden Anna Rosner nimmt Schnitzler auch das Thema der Mesalliance noch einmal an zentraler Stelle auf.

16 *Kabale und Liebe* hat Schnitzler kurz nach Beginn seiner Arbeit an *Liebelei* in einer Inszenierung am Deutschen Volkstheater mit Adele Sandrock als Luise gesehen. Am 5. Oktober 1893 notiert er in sein Tagebuch: »Im Volksth. bei Kabale und Liebe – schrecklich! – « Vgl. Arthur Schnitzler, *Tagebuch 1893–1902*, unter Mitw. von Peter Michael Braunwarth [u. a.] hrsg. von der Kommission für literarische Gebrauchsformen der Österreichischen Akademie der Wissenschaften, Wien 1989, S. 54.

17 Vgl. Friedrich Schiller, *Kabale und Liebe. Ein bürgerliches Trauerspiel*, 5. Akt, 7. Szene, hier zit. nach der Reclam-Ausgabe, Stuttgart 2001 (Universal-Bibliothek, 33), S. 113.

Ferdinand ein Alptraum ist, aus dem er gerade noch recht-
zeitig erwacht, ist für Schnitzlers Figuren kein Skandalon,
sondern die übliche Form des Miteinanders der Geschlechter. Theodor und Mizi, aber auch Fritz, der ja in Wahrheit
nicht aus Leidenschaft für eine andere Frau, sondern wegen
einer Dummheit stirbt, und auf seine Weise sogar Hans
Weiring setzen ganz selbstverständlich voraus, daß sich ein
gewisses Lebensglück nur in der Liebelei als pragmatischer
Kleinform der Liebe finden läßt. In einer solchen Gesellschaft bleibt Christines bedingungslose Hingabe ohne Wi-
derhall und wirkt deplaciert. Als der von ihrem rückhaltlo-
sen Schmerz peinlich berührte Theodor sie bittet, abzuwar-
ten und Fritzens Grab nicht gleich zu besuchen, höhnt
Christine dementsprechend: »Morgen? – Wenn ich ruhiger
sein werde?! – Und in einem Monat ganz getröstet, wie? –
Und in einem halben Jahr kann ich wieder lachen, was – ?
[...] Und wann kommt denn der nächste Liebhaber? ...«
Die Einsicht, ihrem Geliebten nicht viel mehr als ein »Zeit-
vertreib« und nicht einmal ein Abschiedswort wert gewesen zu sein, ist nur der äußere Anlaß für die tiefe Verzweif-
lung Christines. Womit Schnitzlers Protagonistin sich nicht
abfinden will und kann, ist die Vorstellung, daß das Prinzip
der »Wiederholbarkeit des Unwiederholbaren«[18] künftig
auch ihr eigenes Leben bestimmt. In diesem Sinne ist es im
Grunde genommen nicht wirklich von Bedeutung, ob
Schnitzler für seine Heldin am Ende auch die physische
Selbstvernichtung vorgesehen hat. Entscheidend ist, daß
Christine ihren Vater und ihr Zuhause schließlich in voll-
kommener Einsamkeit und ohne jede Perspektive verläßt,
den Kern ihres bisherigen Selbst zu erhalten. Weiterleben
könnte Christine jedenfalls nur, wenn sie bereit wäre, fortan die Rolle einer Mizi zu spielen. Christines Aufschrei
»Was bin denn ich?« weist so gesehen weit über den Ein-

18 Vgl. Richard Alewyn, »Zweimal Liebe: Schnitzlers *Liebelei* und *Reigen*«,
in: R. A., *Probleme und Gestalten. Essays*, Frankfurt a. M. 1974, S. 299–304,
hier S. 302.

zelfall hinaus. Was auf exemplarische Weise in *Liebelei* ge-
staltet ist, nämlich der vergebliche Versuch eines Einzelnen,
ein Gefühl über den Augenblick hinaus zu erhalten und
jenseits des sozialen Typus seine Würde als humanes Indi-
viduum zu wahren, gehört zu den zentralen Themen, die
den Autor Arthur Schnitzler zeit seines Lebens in immer
neuen Varianten beschäftigt haben.

Inhalt

Schnitzler · Liebelei